日本時代臺灣運動員的奧運夢

陳啓川的初挑戰

金湘斌———著

推薦序

　　四月上旬，武漢冠狀病毒疫情期間，接到好友湘斌教授大作《日本時代臺灣運動員的奧運夢——陳啟川的初挑戰》，囑我能寫篇序言。我不只欣然應允，更積極閱讀全文；並藉此文，聊表欽敬之意。

　　與湘斌認識，應該是2003年9月以後，他入國立臺灣師範大學體育學系運動教育組碩士課程的事。當時，他剛從國立高雄師範大學體育學系畢業，與我的執友徐耀輝博士有師生關係，同時，我剛離開行政院體育委員會，回國立臺灣師範大學體育學系任職，我想了解他的學術傾向。記得是我約他到綜合大樓八樓見面。發現他，從高中到大學階段，田徑專長，更是臺北市田徑代表隊，以學、術科的卓越表現，一路直升到研究所，非常難能可貴。他話不多，態度誠懇，多少帶些師範生的拘謹。之後，他師承臺灣體育運動史領域的蔡禎雄教授，專攻體育運動史，特別對日治時期臺灣體育運動史，保有濃厚興趣。

　　這當中，因體育運動史研究室在臺師大公館分部，各自忙碌自己的事，較少聯絡，只聽聞他於2005年3月，獲得日本

文部省（教育部）交換學生獎學金，進日本國立金澤大學保健體育科進修碩士課程一年。過兩年，2008年9月，他以優秀成績，進國立臺灣師範大學體育研究所博士班專攻體育運動史。蔡禎雄教授意外於2009年7月往生，隔年的2010年4月，湘斌轉入日本國立金澤大學人間社會環境研究科博士課程，並先後獲得金澤大學及日本米山扶輪社獎學金，於2013年榮獲博士學位返臺，且獲高雄師範大學體育學系教職。

　　湘斌執筆撰述陳啟川的故事，一方面是自己的學、術科專長，要為臺灣田徑運動史，找到彌足珍貴的一頁，一方面是臺灣體育運動人物誌徵集中，未見陳啟川名列其中，湘斌特撰此文，實不無補足前人研究缺憾的價值。尤其，2020年，正是陳啟川，以臺灣人身份，於1920年席捲日本田徑界，屆滿100週年特殊意義的年代。讓陳啟川的身影再現，不只喚醒臺灣子民，勿忘陳啟川，除了是陳家望族的一份子，以及曾任高雄市長與國內政、財、經界的名人外，值得一提的是，在臺灣被殖民的時代，陳啟川的運動才華，不只田徑成績橫掃日本，叩關奧運會，只差臨門一腳。他如狩獵及高爾夫球等技藝，更是聞名遐邇。

　　本書正文從引言起，區分：一、熱愛運動的陳啟川。二、臺灣田徑運動的開端。三、奧運夢啟航──田徑場上打拼的陳啟川。四、結語等。另外，特別附有：「憶父親田徑場上的身影」、「陳啟川生平事略一覽表」、「陳啟川田徑生涯參賽成

績一覽表」、「陳啟川田徑生涯相關照片及文物」等，可說，從遠到近，從裏到外，細數陳啟川的田徑生涯，觀察陳啟川創造佳績的時代環境，娓娓道來，真的是如數家珍，鉅細靡遺，尤其，透過陳啟川先生文教基金會的無私提供珍藏的圖像、照片，不只原汁原味，栩栩如生，有如重回現場，親眼目睹陳啟川馳騁疆場的英姿，想像到陳啟川為臺灣拼鬥的奮戰精神，讓人永誌難忘。

　　本書出版前夕，得以先睹為快，特贅數語，以為道賀。是為序。

國立臺灣師範大學　名譽教授

許義雄　謹識

2020 年 4 月

推薦序

　　非常感謝國立高雄師範大學金湘斌副教授所著的《日本時代臺灣運動員的奧運夢——陳啟川的初挑戰》一書。我所認識的陳啟川曾擔任高雄市的市長，怎知他竟然是「臺灣第一位鐵人」！因為在我的心目中，臺灣唯一的鐵人就是「亞洲鐵人」楊傳廣大哥，怎麼會忽然冒出另一位「鐵人」呢？仔細閱讀這本書，才知道自己是多麼孤陋寡聞。

　　陳啟川不愧是一位文武全才、術德兼修的前輩，他騁馳於田徑場，當年代表慶應出戰全國田徑賽獲得100公尺、200公尺、400公尺、400公尺接力四項冠軍，號稱三又四分之一金牌，更博得「運動界明星」之封號。他試圖以標槍與400公尺接力挑戰進軍奧運會，遺憾最終未能如願以償。但是進階到「第七屆奧運會第二次預選賽」，已是臺灣籍運動員試圖挑戰奧運會的先驅。

　　陳啟川前輩，他也精於高爾夫球和狩獵。1934年11月18日他奪得淡水高爾夫球場錦標賽冠軍，並於11月4日預賽的第二洞演出一桿進洞，是唯一名列淡水高爾夫球場榮譽榜的臺灣人，如今，18個洞、全長7,000碼、南臺灣唯一符合國際標準

的澄清湖高爾夫球場，便是在政府的支持及陳啟川前輩的執著之下所興建完成。高爾夫球的職業選手陳清水、陳金獅、陳清波、呂良煥、謝敏男等人，皆曾先後接受過陳啟川資助和培育，可見他對推動高爾夫球運動的熱心。

狩獵也是陳啟川前輩喜歡的休閒運動。他除了醉心深入研究槍枝知識外，更自製彈藥，帶領家族成員至山間田野游獵，甚至於組織狩獵協會，號召同伴切磋技術。陳啟川前輩的興趣非常廣泛，對攝影、汽車、旅遊更是涉入甚深，划船技術亦不落人後。

書中同時提到幾位日治時期臺灣田徑名人堂的前輩們，其中，「臺灣田徑之父」高何土先生的名言「驚驚就袂贏」，我始終銘記在心；張星賢前輩也曾經親自指導過我；還有林月雲老師，我在第十七屆臺灣省運動會破了她所保持的100公尺和跳遠的全國紀錄時，她剛好就是擔任現場的裁判，林老師甚至親自向我道恭喜，令我受寵若驚。

1960年奧運會在義大利羅馬舉辦，「亞洲鐵人」楊傳廣大哥獲得十項運動的銀牌。當年楊大哥抵達高雄，時任高雄市長的陳啟川笑著說：「在體育方面，楊傳廣還是我的後輩哩！」其實陳啟川市長之言，一點也沒有錯。

對於喜歡臺灣體育運動史的朋友來說，這絕對是一本必須

要擁有的書，它不僅讓我在閱讀時驚訝不止，相信它也會讓大家驚訝不息！

財團法人希望基金會　董事長

紀政　謹識

2020 年 4 月

Contents

Chapter 2　臺灣田徑運動的開端……042

附錄……108

引言

❖從事田徑運動的甘苦談

　　2013年，結束日本留學生活，回臺灣手執教鞭指導田徑校隊與開授體育學系大一田徑必修課程約已7年。每當跟學生聊到田徑課時，除本身是練田徑出身的學生外，大多不免會聯想到不停擺動前進的雙腿、沈重無法推動的鉛球、很難學會的跳高與跨欄技巧，或是那個一直在旁叫囂跑快一點面露嚴肅的老師，以及衝到終點後氣喘吁吁累的要死的場景。說真的，我也認同在從事田徑訓練時的跑、跳、投擲，不免讓人感到枯燥乏味。不過，直至今日我還是無法忘懷在跑道上奔馳的快感、在沙坑上飛躍的興奮、在投擲場上奮力的嘶吼等的回憶。

　　2002年3月底，大約與陳啟川首次轉戰全能運動相同的年紀，筆者選擇再次向自身極限挑戰，選擇重回參加十項全能運動項目，只為想感受鐵人鍛鍊的過程。在兩天激烈競賽中，不論是第一天的100公尺、跳遠、鉛球、跳高、400公尺，或是第二天的110公尺跨欄、鐵餅、撐竿跳高、標槍、1500公尺，現在回想起來仍是歷歷在目，尤其是每項競賽結束後，總是會拿著計分手冊估算著自己的得分表現，然後或高興、或懊悔、或盤算著繼續邁開腳步朝下一個競賽場地前進，不過要完成十項成為鐵人是不容易的，因為一項一項所積累的疲憊與對身體的傷害往往考驗著選手完賽的意志力。至今永遠記得，在跑最後一項1500公尺時，上氣不接下氣，且又拖著受傷的身體，一步

一步跑向終點的途中，腦海浮現的滿是受訓的甘苦與艱辛，但最後不知為何竟開心的笑了，或許是自覺任務完成，人生已無憾事了吧！

練過田徑的人都明白，長時間辛苦的訓練僅是為了上場的那瞬間，而那瞬間卻又是一直誘惑著我們繼續練習的原動力，我想這就是「田徑運動的魅力」！而這魅力至今仍深深地影響著我，讓我不時關注著與田徑運動相關之文獻史料、新聞報導、選手動態，甚至傾聽他們的故事，並為此著迷。

❖跨入日治時期臺灣體育運動史研究

告別了十年的田徑生涯後，2003年起筆者改開始執筆投入體育運動史的研究領域，恩師蔡禎雄時常念叨臺灣體育運史的源頭在日治時期，而日治時期的臺灣體育運史研究仍是學術沙漠，亟待後起之秀接棒研究，但能否順暢解讀日文文獻史料，則是關鍵，所以必須下苦心鑽研日文。為此，筆者每日至「語言訓練測驗中心」，潛心修習日文。非常不可思議的是，補習日文的期間，居然與臺灣首位參加奧林匹克運動會選手張星賢先生四子張昭平的媳婦同班學習，當她知道我是研究臺灣體育運動史時，甚至居中幫忙聯繫，促成筆者與林玫君教授、鄭國銘博士，於2004年至張府拜會訪談和親手翻閱張星賢先生的私人文件物品，那種能近距離目睹歷史文件的感覺，就好比彷彿

張星賢先生在旁親自述說著他的人生故事一樣，此時心中也不禁暗自下定決心，未來若有機會一定要好好深耕臺灣體育運動史這塊園地。不久之後，林玫君教授則立即著手撰寫〈太陽旗下的鐵人——張星賢的田徑世界〉、〈身體的競逐與身分的游移——臺灣首位奧運選手張星賢的身分認同之形塑與其糾葛〉等一系列文章，使得張星賢先生的奧運經驗與認同情感成為體育運動史學術討論的焦點。

另一方面，筆者則是在感受自身對於日治時期殖民地臺灣與體育運動相關歷史背景知識的不足後，再接下來的十年大多致力於學習解讀文獻、蒐集文史資料，以及撰寫研究專文，研究範圍則是聚焦於日治時期「運動會」、「學校體育」、「女子體育」等方向。此外，亦於2005-2006年、2010-2013年，兩度前往日本金澤大學，進行交換留學與攻讀博士學位，並拜入大久保英哲（日本體育史學會會長）教授門下，專心研讀戰前日本體育運動發展的脈絡與探究日治時期臺灣體育運動的變遷。

❖陳啟川，一段被遺忘一百年的奧運夢

依稀記得約在2015年3月，為尋找可供體育學系碩士班臺灣體育運動史研究課程進行文史踏查的地點，便上網檢索相關資訊，無意間發現「陳啟川紀念館」與國立高雄師範大學和平

校區步行相距僅3分鐘。當然，從過往研讀臺灣體育運動史與日本陸上競技史的資料中，早已得知陳啟川在日治時期，曾代表慶應商工奪得100公尺銅牌，且是臺灣出名的高爾夫球好手。因此，立即撥電話與「陳啟川先生文教基金會」的宋一鴻先生約定參觀時間。

第一次參觀時，就被內部所陳設的「家俱」、「證書」、「照片」、「書籍」、「相機」、「獵槍」、「日用品」、「獎狀／盃」、「高爾夫球用具」等琳瑯滿目地史料文物吸引的目不轉睛，其中特別是當看到櫥窗內展示由大日本體育協會嘉納治五郎於1920年4月25日所頒贈的「第七屆國際奧林匹克運動會選手預選賽（日文原文為第七回國際オリムピック大会選手予選会，以下簡稱第七屆奧運會預選會）400公尺接力破日本全國紀錄證書」與「大日本體育協會紀錄章」時，更令筆者駐足甚久，百思不得其解。

因為，就筆者過去所學日治時期臺灣體育運動史的知識背景而言，（1）1933年，由竹村豐俊編纂出版的《臺灣體育史》乙書中，不曾提過陳啟川。（2）1920年6月，臺灣首次舉辦「全島陸上競技（田徑運動）大會」。同年10月，正式成立「臺灣體育協會」，直至1924年起才在臺灣舉行奧運會地區預選賽。（3）自身一直認為陳啟川赴日求學時，雖在短跑有優異表現，但僅止於慶應商工時期，而《臺灣人士鑑（日刊一週年版）》所指的「運動界明星（日文原文為「スポーツ界

の花形」）」，應該係指他在高爾夫球的造詣，而非在田徑運動。[1]所以，眼前的這張證明書，根本超出就筆者的理解範圍，且不論從時間點、競賽名稱，或是破日本紀錄等記載方面皆不知如何入手解釋，當下感到相當困惑與羞愧。

因此，為解讀「第七屆奧運會預選會400公尺接力破日本全國紀錄證書」，筆者首先查閱有關陳啟川生平之論述，例如：陳啟川先生文教基金會出版之《懷念老高雄市長陳啟川暨基金會成立20週年紀年特刊》、[2]周虎林編撰之《陳啟川相關事蹟之口述歷史彙編》及《山高水長——陳啟川紀念集》、[3]王成聖的《臺灣奇人陳啟川》、[4]戴寶村著之《陳中和家族史：從糖業貿易到政經世界》[5]等書籍。但美中不足的是，上述文

[1] 上述內容詳情，請參閱竹村豐俊，《臺灣體育》（臺北：財團法人臺灣體育協會，1933）。臺灣新民報社，《臺灣人士鑑（日刊一週年版）》（臺北：臺灣新民報社，1934），123。

[2] 刊載了陳田植、陳田柏、余幸司、張東燦等人對陳啟川的回憶，並依時間軸線分述「大時代風雲人物的誕生」、「遊學他鄉，廣結知交」、「遍植福田，家道日隆」等主題，建構出陳啟川一生的傳略。陳啟川先生文教基金會，《懷念老市長陳啟川先生暨基金會成立20週年紀念特刊》（高雄：陳啟川先生文教基金會，2000）。

[3] 透過口述歷史的方式，訪談王連芳、辜振甫、陳清波、蔡景軾等人，捕捉出陳啟川在政商界的活躍和籌建高雄醫學大學的身影。周虎林，《山高水長——陳啟川先生紀念集》（高雄：陳啟川先生文教基金會，1995）。周虎林，《陳啟川先生相關事蹟之口述歷史彙編》（高雄：陳啟川先生文教基金會，2013）。

[4] 談及「花甲之年當選市長」、「自認不是政治人才」、「政經脈絡四通八達」等在戰後擔任高雄市市長的相關軼事。王成聖，〈臺灣奇人陳啟川〉，《中外雜誌》，54.1（臺北，1993.7）：16-20。

[5] 論述主軸置於陳啟川參與新聞事業，以及和林呈祿、羅萬俥、蔡培火等人一同擔任《臺灣新民報》（後於1940年更名為《興南新聞》）董事的歷史意義。戴

獻礙於編撰主軸立基於敘述陳啟川興業從政之故,並未針對陳啟川在田徑場上傲視群雄的成就進行深入討論,僅只有記載到辜振甫、連戰、赤倉亮、王成聖等人曾提及之「留學期間學業及體育都很出色」、「田徑成績凌駕臺灣記錄」、「日本學生望塵莫及」、「田徑五項最拿手」、「年輕時與1936年第十一屆柏林奧運會獲獎選手織田幹雄、南部忠平同吃一鍋飯」、「曾資助培育賽跑人才林月雲」[6]等隻字片語。

　　另外,在織田幹雄著之《陸上競技百年》乙書中,特筆記載代表慶應商工的陳啟川一人獨得200公尺、鉛球、鐵餅、標槍四金,稱霸「第一屆全國中等學校選手權大會」之情形;[7]張星賢著之《慾望、理想、人生——談我五十餘年的運動生涯》乙書中,亦曾提及:「當時在日本有名的臺灣籍選手有慶應大學畢業的陳啟川」[8];陳田圃先生在訪談時,也表示每當父親提到體育運動話題時,不時也會「面露早年失去參加奧林

　　寶村,《陳中和家族史:從糖業貿易到政經世界》(臺北:玉山社,2008)。
[6]　有關林月雲的相關事蹟,請參閱金湘斌、徐元民,〈臺灣女性運動員的先驅——林月雲〉,《臺灣體育百年人物誌　第4輯》,張素珠主編(臺北:臺灣身體文化學會,2009),90-127。另外,據陳啟川七子陳田圃與陳啟川八女陳美吟的回憶,皆有述及陳啟川曾多次提及這段往事。陳田圃,面訪,陳啟川先生文教基金會,2017年5月18日。訪問人為金湘斌,國立高雄師範大學體育學系副教授。陳美吟,面訪,麗尊酒店,2017年6月22日。訪問人為金湘斌,國立高雄師範大學體育學系副教授。
[7]　織田幹雄,《陸上競技百年》(東京:時事通信社,1976),35。
[8]　張星賢,《慾望、理想、人生——談我五十餘年的運動生涯》(臺北:中華民國田徑協會,1981),58。

匹克運動會的遺憾」[9]。雖說上述內容僅是片段，但從中或多或少隱約可得知陳啟川應該曾在日治時期臺灣體育運動史中留有輝煌的一頁。

然而可惜的是，時至今日臺灣體育運動界或許僅對他擁有精湛的高爾夫球技略有所聞，卻對如風般馳騁在操場年少樣貌的陳啟川知之甚少，更別提其能讓日本殖民者刮目相看的田徑優異表現，以及在100年前試圖挑戰參加奧運會的相關事蹟。更遺憾的是，上述的這些事蹟與成就，在可蒐羅的臺灣體育運動史相關書籍中，未有任何的著墨與探討，更遑論其所締造的秒數紀錄、名次，以及在運動場上技壓日本殖民統治者等，究竟具有何種歷史意涵？且在日治時期田徑名人張星賢、林月雲、高何土等人之事蹟陸陸續續被介紹的同時，著手建構「一段被遺忘100年的奧運夢」與「臺灣籍運動員陳啟川的初挑戰」，似乎也成為了刻不容緩之事。

接著，筆者除以「陳啟川紀念館」所保存之史料文物為主外，亦廣泛蒐集臺、日兩地間保存之《75周年記念慶應義塾體育會競走部史》、《日本陸上競技史》、《近代陸上競技史》、《臺灣人士鑑》、《臺灣日日新報》、《臺灣體育史》等相關文獻，並訪談高雄陳家後裔，全盤彙整陳啟川曾經參與的賽事、項目、成績及評價等，藉此勾勒出陳啟川的田徑生

---

[9] 陳田圃，面訪，陳啟川先生文教基金會，2017年5月18日。訪問人為金湘斌，國立高雄師範大學體育學系副教授。

涯，並以日治前期臺灣田徑運動的歷史發展做為輔助論述，深入對比、探討陳啟川於日本慶應留學時所締造之成績與意義，冀望進一步建構與挖掘，這段被遺忘的100年奧運夢。

約在花費2年半的時間後，筆者於2017年在《運動文化研究》發表〈陳啟川的田徑生涯（1918-1921年）——首位參加奧運會預選賽的臺灣運動員〉乙文，但由於文中仍尚存未知的問題，故又於2019年春，再度赴日本筑波大學、日本國會圖書館、日本慶應義塾大學等地查訪相關線索。最後，慶幸尋覓到《近代陸上競技史（上卷、中卷、下卷）》套書，方才得知陳啟川曾於1919年席捲日本田徑界、1920年以一只標槍嘗試挑戰進軍奧運會、1921年於極東競技大會第二次預選賽五項全能運動1哩競賽項目中棄賽等事蹟，這不禁又讓筆者解決不少困惑，以及更進一步貼近、理解陳啟川的田徑生涯。

其實，從「第七屆奧運會預選會400公尺接力破日本全國紀錄證書」所開展出一連串回溯臺灣籍運動員陳啟川的初挑戰，是一段相當有趣的歷程，且在逐步追尋「一段被遺忘的100年奧運夢」的過程中可窺知，陳啟川於年輕時期曾多次代表慶應義塾參加田徑賽事，揚名日本。然而，這些事蹟在可蒐羅的臺灣體育運動史相關書籍中，卻未有任何著墨。因為，在1920年「第一屆全島陸上競技大會兼臺灣體育協會成立大會」前，陳啟川即跳脫傳統路徑，透過留學日本內地的管道，率先於日本全國級的田徑賽事中登場，甚至參加1920年「第七屆

奧運會第一、第二次預選賽」，試圖挑戰進軍奧運會。同年11月，更以擅長跑、跳、投之姿態，轉戰全能運動項目，是為「臺灣第一位鐵人」。即便，最終未能一償夙願征戰海外，但論其能晉級至日本奧運會第二次預選賽與締造全日本400公尺接力紀錄的耀眼成就而言，已不失為是「首位企圖挑戰參加奧運會的臺灣籍運動員」，而陳啟川100年前的奧運夢，也為日後臺灣籍運動員指引出通往奧運會參加國際競技舞台的道路。

Chapter 1

熱愛運動的
陳啟川

❖如風般馳騁於操場

握槍→持槍→助跑→交叉步→超越器械→出手，一只標槍飛向天空，劃出一道通往奧林匹克運動會（以下簡稱：奧運會）世界競技舞台的完美弧線。2019年8月19日，臺灣田徑標槍好手鄭兆村在2019年「國際田徑總會鑽石聯賽伯明罕站」的驚天一擲，創下臺灣運動員在該項賽事的最佳成績，並為臺灣摘得首面鑽石聯賽金牌。[10]此創舉，也讓國人對臺灣第4位「擲」入奧運會之標槍選手——鄭兆村，[11]否能在2020年第三十二屆東京奧運會繼楊傳廣、紀政後，再度奪牌，甚至奪金，寄予厚望。

奧運會是所有運動競技選手夢寐以求的最高殿堂，回首過往臺灣人挑戰奧運會的歷程，路途上滿是先賢艱苦流下的汗水。有趣的是，距今約百年前，也曾有一名臺灣人，多次代表慶應義塾參加田徑競賽，馳騁在日本內地的田徑場，據陳啟川七子陳田圃回憶：「我父親當時代表慶應出戰全國田徑賽獲得100公尺、200公尺、400公尺、400公尺接力四項冠軍，號稱三又四分之一金牌……。」或許就是在經此田徑場上一戰後，除

---

[10] 林宋以情，〈鄭兆村鑽石賽標槍摘金　我史上第一人〉，《聯合報》，2019.08.18。

[11] 臺灣歷年以標槍項目闖入奧運會者，分別為：1984年美國洛杉磯奧運會之陳鴻雁、李惠真；2016年巴西里約奧運會之黃士峰。

左：陳啟川留日就讀慶應義塾時期留影。（資料來源：陳啟川先生文教基金會提供）
右：陳啟川於高雄海水浴場游泳留影。（資料來源：陳啟川先生文教基金會提供）

博得「運動界明星」之封號外，更以奧運會為目標辛勤練習，並挺進至日本「第七屆奧運會第二次預選賽」，試圖以標槍與400公尺接力挑戰進軍奧運會。雖然，最終未能如願登上奧運會的舞台，完成夢想，但已然是臺灣籍運動員挑戰奧運會的首例，[12]而他就是前高雄市長——陳啟川。

---

[12] 金湘斌，〈陳啟川的田徑生涯（1918-1921年）——首位參加奧運會預選賽的臺灣運動員〉，《運動文化研究》，31（臺北，2017.09）：13-14。

上：陳啟川於就讀慶應義塾大學時期划船留影。（資料來源：陳啟川先生文教基金會
　　提供）
下：陳啟川帥氣騎車。（資料來源：陳啟川先生文教基金會提供）

❖高球狩獵技藝精湛

　　陳啟川為高雄望族陳中和之六子，出生於1899年6月6日，1912年自苓雅公學校畢業後，旋即負笈日本至慶應義塾（即今慶應大學）就讀初等部、高等部，並於1919年進入大學部就讀經濟學系主修金融經濟，僅在學二年即奉母之命返臺結婚。1921年時，進入香港大學商科繼續學業，隨後又受到父親召喚，回臺傾助家業，歷任陳中和物產株式會社、新興製糖株式會社、烏樹林製鹽株式會社、興南新聞社、高雄新報社等董事，亦曾橫跨殖民統治與國民政府兩個政權，分別出任高雄州協議員與高雄市市長。[13]

　　青年時期的陳啟川，身高約175公分，體魄強健、皮膚黝黑、熱愛運動，素有「運動界秀才」與「運動界明星」之稱。[14]因陳氏興趣廣泛的關係，故對攝影、汽車、運動、旅遊等無一不熱心鑽研，尤其是狩獵與高爾夫球，更是他最熱愛的兩項休

---

[13] 有關陳啟川的生平略事，請參閱治喪委員會，〈陳啟川先生行述〉，《國史館館刊》，15（臺北，1993.12）：234-237。陳啟川先生文教基金會，《懷念老市長陳啟川先生暨基金會成立20週年紀念特刊》。臺灣新民報社，《臺灣人士鑑》（臺北：臺灣新民報社，1937），251。興南新聞社，《臺灣人士鑑》（臺北：興南新聞社，1943），259。戴寶村，《陳中和家族史：從糖業貿易到政經世界》，170-173。林文龍，《百年風華：臺灣五大家族特展圖錄：高雄陳家》（南投：臺灣文獻館，2011），97-122。

[14] 臺灣新民報社，《臺灣人士鑑（日刊一週年版）》，123。興南新聞社，《臺灣人士鑑》，259。

▌日治時期陳啟川狩獵留影。（資料來源：陳啟川先生文教基金會提供）

閒運動，且在他的倡導下於高雄仕紳階層中蔚成風氣。

　　在狩獵部分，除醉心深入研究槍枝知識與自製彈藥，以及帶領家族成員至山間田野游獵外，亦組織狩獵協會，藉此號召同伴切磋技術。[15]

　　在高爾夫球造詣部分，更特別是令人折服。誠如眾人所熟知，高爾夫無論在過去抑或是現今皆是所費不貲的運動項目，彼時打高爾夫者，皆屬高層級的達官顯要，陳氏則是當時極少數擁有臺灣高爾夫俱樂部會員的臺灣人。最令人津津樂道的

---

[15] 陳啟川先生文教基金會，《懷念老市長陳啟川先生暨基金會成立20週年紀念特刊》，34-35。周虎林，《山高水長——陳啟川先生紀念集》，158。

▌1934年11月18日陳啟川奪得淡水高爾夫球場
錦標賽冠軍後留影。（資料來源：陳啟川先生
文教基金會提供）

是，陳啟川轉練高爾夫球不到兩年的時間內，即成為當時淡水
高爾夫球場業餘選手無差點紀錄保持者，在1934年11月18日奪
得淡水高爾夫球場錦標賽冠軍（日文原文為「倶樂部カップチ
ャンピヨンシップ」），並於11月4日預賽的第二洞演出一桿
進洞，是唯一名列該球場榮譽榜（日文原文為「倶樂部カップ
チャンピヨンシップ」）的臺灣人。[16]

[16] 臺灣新民報社，《臺灣人士鑑（日刊一週年版）》，123。臺灣日日新報社，
　　《臺灣ゴルフ倶樂部二十年史》（臺北：臺灣日日新報社，1938），45-50、
　　126、201、238-239。陳啟川先生文教基金會，《懷念老市長陳啟川先生暨基金
　　會成立20週年紀念特刊》，32-34。周虎林，《陳啟川先生相關事蹟口述歷史
　　彙編》，78-89。

1938年，因隨著中日戰爭的日益嚴峻，高雄壽山高爾夫球場收歸為日軍的軍事要塞後，陳啟川曾於1941年《高雄新報》上提出透過高爾夫球鍛鍊身心的言論，建議可於鳥松健勝圳一帶新築一座高爾夫球場，交由財團法人經營。[17]但由於戰事的吃緊，此構想並未能付諸實踐。

　　二次世界大戰過後，壽山高爾夫球場改成為美軍顧問團的管轄，致使南臺灣陷入無高爾夫球場的窘境。此時，陳啟川以高爾夫有益於身心健康，亦能拓展外交關係之理由，向官方提議應在高雄另擇地點興建高爾夫球場，慶幸在陳氏多方奔走，以及在獲得何應欽將軍與省政府主席周至柔將軍的支持下，高雄大貝湖（現今澄清湖）9洞之高爾夫球場終在1961年10月25日竣工啟用，並於1965年再擴建9洞，使該球場成為總長7,000碼南臺灣唯一符合國際標準的18洞高爾夫球場。[18]此外，高爾夫職業選手陳清水、陳金獅、陳清波、呂良煥、謝敏男等人，皆曾先後接受過陳啟川的資助與培育，由此窺知其對高爾夫球運動的熱心。[19]

---

[17] 〈體育と社交機關に　ゴルフリンクが必要〉，《高雄新報》，1941.04.20，05版。

[18] 周虎林，《陳啟川先生相關事蹟口述歷史》，86-87。

[19] 長昇文化事業有限公司，《高雄高爾夫球俱樂部50週年紀念特刊》（高雄：高雄高爾夫球俱樂部，2011），18-27、72-77。

上：陳啟川（中）邀請陳清波至高雄
　　高爾夫球場指導球技。（資料
　　來源：陳啟川先生文教基金會
　　提供）
下：戰後陳啟川高爾夫球揮桿留影。
　　（資料來源：陳啟川先生文教基
　　金會提供）

❖整建運動休閒設施

　　1960年，陳啟川就任高雄市長之初，因本身對體育運動的喜好，再加上當時高雄市立中山體育場與陳啟川的宅邸相距甚近，經常可見到市民運動、健身與休閒的情形，因擔心民眾在沒有屋頂的體育場日曬雨淋，將會影響體力與運動的心情。因此，陳啟川決定將體育場區內的體育館加蓋鋼構圓頂，使其成為臺灣當時第一個規模最大、設備最完善的體育館，並於1960年11月30日竣工，12月24日由陳啟川親自舉行體育館落成典禮。

　　之後，陳啟川為提倡高雄運動風氣，開始著手中山公園內綜合體育場的整建，於1961年10月15日正式完工，1966年添建東西區看台，1968年又添建南北區看台。游泳設施部分則是於1968年，分別改建前金游泳池與開闢旗津海水浴場。[20]上述政績，無疑提供給當時高雄市市民有一理想之運動休憩場域去處。

　　整體而言，陳啟川在年過花甲，步入政壇時，對於臺灣體育運動休閒的發展可謂是心心念念，並投注相當的時間與精力貢獻一己之力。有趣的是，或許因陳啟川鮮少對社會大眾提及年少在田徑場上的英勇事蹟，再加上1933年竹村豐俊所編著之《臺灣體育史》並未針對1920年代臺灣海外留學生的事蹟加

---

[20] 周虎林，《陳啟川先生相關事蹟之口述歷史彙編》，103-105。周虎林，《山高水長——陳啟川先生紀念集》，170。

上：陳啟川市長巡視中山公園體育館加蓋鋼構圓頂工程。（資料來源：陳啟川
　　先生文教基金會提供）
下：陳啟川市長巡視中山公園體育館加蓋鋼構圓頂工程。（資料來源：陳啟川
　　先生文教基金會提供）

以記錄，故使得眾人對陳啟川之印象大多僅注目在經濟與政治上的成就，而忘卻「在二十世紀的初葉，日本慶應義塾大學青翠寬廣的操場上，如風般馳騁的古銅膚色青年，展現意氣風發的志氣與堅忍過人的毅力……」[21]之曾經揚名於日本田徑場，且又博得「運動界明星」封號之陳啟川。

---

[21] 這段話係來自陳啟川四子陳田植對父親的懷思，摘自陳啟川先生文教基金會，《懷念老市長陳啟川先生暨基金會成立20週年紀念特刊》，15。

▌ 陳啟川任高雄市長時竣工之中山公園體育館。（資料來源：陳啟川先生文教基金會
　提供，董青藍攝）

上：1961年10月15日，陳啟川市長親自主持第16屆臺灣省運動會聖火傳遞
　　儀式。（資料來源：陳啟川先生文教基金會提供，董青藍攝）
下：1960年代，陳啟川市長邀請哈林籃球隊至高雄市立體育館進行表演
　　賽，並致贈獎盃予球員。（資料來源：陳啟川先生文教基金會提供，
　　董青藍攝）

上：1960年代，陳啟川市長主持高雄市運動會開幕典禮。（資料來源：陳啟
　　川先生文教基金會提供）
下：1963年9月7日高雄市運動會，陳啟川市長頒獎給優勝選手。（資料來
　　源：陳啟川先生文教基金會提供，董青藍攝）

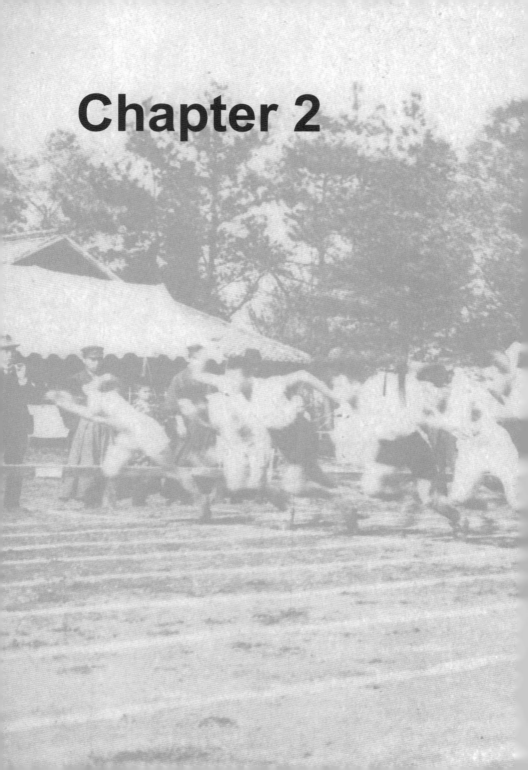

Chapter 2

臺灣田徑
運動的開端

❖臺灣田徑運動發展的原點

清領時期，雖說曾有英國籍的士兵或商人在臺灣進行板球、拔河、賽跑、跳高、跳遠、網球等活動，[22]但此時的臺灣社會各階層仍不清楚近代體育運動為何物，且並無「體育」或「運動（Sports）」的名稱。

另據日治時期東方孝義對臺灣人的體格與身體活動描述可知，有閒階級者之體態猶如豬，勞動階級者則貌似螳螂，過去的臺灣幾乎無近代體育運動之存在，有的僅是諸如拳鬥（少林拳、鳳陽拳、單套、雙套、宋江陣、獅陣等）、競漕（划龍舟）、棒押（類似用棍棒或雙手相互按壓之角力活動）、孩童遊戲（掩咯雞、踢毽子、相互追逐等）等。[23]

近代體育運動確切傳入臺灣的學校及社會上來實施，應是自1895年日本統治臺灣以後，伴隨著殖民統治相關人士的陸續抵臺，以及近代學校教育制度的開展，才具體將體育運動傳播於臺灣社會之中。[24]然而，在學校實施體操科（現今體育課）之初，卻被臺灣人視為如同清領時期之雇兵，或者是苦力、地痞流氓操練之事，因而遭受厭惡、抵制，並認為畢業後會遭到

---

[22] 陳柔縉，《臺灣西方文明初體驗》（臺北：麥田出版，2011），212-213、218。

[23] 東方孝義，《臺灣習俗》（臺北：同人研究會，1943），350-359。

[24] 有關日治初期體育運動相關背景，請參考蔡禎雄，《日據時代臺灣初等學校體育發展史》（臺北：師大書苑，1997），58-60。

日本徵兵，甚至激烈地以罷課方式表示抗議。[25]不過，這樣的傳言在歷經幾年過後，隨著運動會的舉辦下，近代體育運動開始散發其魅力，漸漸博得臺灣人的喜愛，成為具有人氣的活動。[26]而日治時期所稱的「陸上競技（田徑運動）」也就是在此背景下，導入於臺灣社會之中，延續至今。

接著，若再翻閱《臺灣日日新報》與竹村豐俊所編的《臺灣體育史》亦可窺知，臺灣田徑運動的起源，基本上是與臺灣各級學校舉辦運動會，以及「體育俱樂部」[27]率先籌劃小型運動競技會脫離不了關連性。[28]舉例來說：（一）1897年11月，國語學校第一、第二、第三、第四附屬學校聯合運動會中，即開始帶領學童進行賽跑、跳高等遊戲活動。[29]（二）1898年12月，在「第一第二附屬學校生徒合併運動會」中，亦曾舉辦過200碼、300碼、400碼等競賽項目。[30]（三）1903年12月，「體

---

[25] 本田茂吉，〈在職当時の感想叢談〉，《創立滿三十年記念誌》，小野正雄主編（臺北：第三高等女學校同窓會學友會，1928），321-322。

[26] 竹村豐俊，〈臺灣の陸上競技界〉，《臺灣時報》，（臺北，1933.04）：130-131。

[27] 「體育俱樂部」成立於1903年3月10日，下轄有武術、馬術、射箭、運動、自行車、游泳、漕艇等部門，為1920年「財團法人臺灣體育協會（以下簡稱臺灣體育協會）」設立前推展體育運動最重要的組織。至1916年9月22日，由於各種運動項目部門紛紛獨立，再加上財務與無法發揮原有功能等因素，遂宣告解散。有關「體育俱樂部」之成立、運作、解散等歷史發展，請參閱鄭國銘，〈日治時期臺灣社會體育組織及其運作的歷史考察〉（臺北：國立臺灣師範大學體育學系博士論文，2009），103-136。

[28] 竹村豐俊，《臺灣體育》，247。

[29] 〈附屬學校聯合運動會〉，《臺灣新報》，1897.11.25。

[30] 〈第一第二附屬學校生徒合併運動會〉，《臺灣日日新報》，1898.12.10，02版。

育俱樂部」就曾在一場小型的運動會當中，舉辦各種距離之賽跑、跳高、跳遠、撐竿跳高、鉛球、鏈球等競賽。[31]（四）1904年國語學校與醫學專門學校運動會，曾舉辦過200公尺、300公尺、400公尺、600公尺、800公尺、1000公尺、跨欄、跳遠、跳高、撐竿跳高等田徑運動項目，亦有臺灣人高再祝、宗燕翔、詩陞（原住民，日文原文為シシン）等人獲得優勝。[32]

▌1898年12月11日，第一第二附屬學校生徒合併運動會秩序冊。

[31] 〈體育俱樂部運動部小會〉，《臺灣日日新報》，1903.12.05，05版。
[32] 竹村豐俊，《臺灣體育》，243-244。

相信藉由各學校與團體運動會的舉辦，無疑是提供臺灣人初次參加運動競技的平臺，亦可說是臺灣田徑運動發展的最初原點。不過，由於日治初期學校運動會所舉辦的內容，大多以帶有休閒、娛樂性質之趣味競賽為主體，再加上當時運動競技風氣尚未形成，致使當時的臺灣民眾，對於作為奧林匹克運動主要競技項目的田徑仍是一知半解。[33]

❖日本首次參與奧運會

　　1905年，在日俄戰爭中取得獲勝的東方新興國家——日本，一舉躍升成為世界列強之一，開始備受歐美諸國的注目。同年11月，日本受邀參加由歐美諸國籌劃於1906年在雅典舉辦的「近代奧運會10周年紀念特別大會」，然因該運動會取消的關係，推遲了日本參與國際體育運動賽事的時間。

　　1909年，時任東京高等師範學校（現今日本筑波大學）校長嘉納治五郎被推舉成為「國際奧林匹克委員會（International Olympic Committee）」委員。1911年7月，有志推展日本參加奧運會的嘉納氏便率先於同年7月成立「大日本體育協會」[34]，負

---

[33] 有關日治時期運動競技會相關內容，請參閱金湘斌，〈全島陸上競技大會〉，《臺灣學通訊》，77（臺北：2013.09）：16-17。

[34] 1911年7月，在嘉納治五郎提倡「獎勵日本國民體育」與「籌組奧運會日本國家代表隊」等因素下，遂成立「大日本體育協會」負責選拔日本選手參加國外運動競賽，以及管理全日本體育運動團體等事務。1925年改組為「財團法人大

責今後選拔選手參加奧運會與極東競技大會（又稱「遠東運動
會」[35]）等相關事宜；11月在京濱電鐵的出資贊助下，於羽田
運動場舉辦全日本第一次奧運會預選賽，並決定組織派員參加
1912年「第五屆瑞典斯德哥爾摩奧運會」。[36]雖然，代表日本
出賽的金栗四三與三島彌彥，在第五屆奧運會中表現不盡理
想，但卻無意地將奧運會精神與出國征戰經驗帶回日本國內，
這對日後日本體育運動界發展有著不可言喻的重大意義。[37]

❖臺灣的長距離競賽風潮

　　值得一提的是，雖說金栗四三未在奧運會中斬獲佳績，但
是因為他曾於日本奧運會選拔賽中突破世界紀錄的關係，使得
日本內地開始掀起一股熱愛長距離競賽的風潮，這股潮流當然
也很快地吹向臺灣，所以自1910年代起即有「臺灣銀行馬拉松

日本體育協會」。1942年則是因應戰爭成為政府的外圍組織，更名為「大日本
體育會」。第二次世界大戰後，於1947年再次更名為「日本體育協會」。詳細
內容，請參閱今村嘉雄，《新修体育大辞書》（東京：不昧堂，1976），941。

[35] 該運動會於1913年在馬尼拉舉行第一屆後，每隔二年舉行一次，至第八屆後因
日本請求改為三年舉行一次，第九屆至第十屆則復改為四年舉行一次。後因九
一八事變，日本為支持滿州國參賽等相關問題影響下，遂於1934年過後宣告解
體。詳情請參閱吳文忠，《體育史》（臺北：正中書局，1985），400-405。

[36] 水野忠文、木下秀明、渡邊融、木村吉次，《體育史概說》（東京：杏林書
院，1992），277-278。

[37] 有關日本派遣選手參與第五屆奧運會等相關內容，請參閱山本邦夫，《日本陸
上競技史》（東京：道和書院，1979），27、245-254。

競賽」、「國語學校長距離競賽」、「臺灣勸業共進會馬拉松競賽」、「全島馬拉松競技大會」、「臺中中學校馬拉松」等路跑活動的相繼舉辦，其中亦有林阿和、施貴、許水錦、王傳薪、周金久、干彼得、林田、陳永炮、鐘羅謝等優秀選手與日本殖民者較勁，為臺灣人爭光。[38]

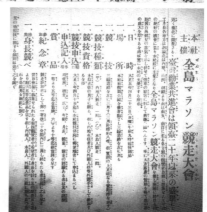

上：《臺灣日日新報》轉載金栗四三在
　　全日本奧運會預選賽馬拉松項目超
　　越世界紀錄之新聞。
下：1916年臺灣日日新報社主辦「全島
　　馬拉松競技大會」之文宣。

---

[38] 竹村豐俊，《臺灣體育》，245-248。

❖ 《臺灣日日新報》上的「陳溪泉」

　　約至1918、1919年，日本內地掀起一股超乎想像的田徑運動熱潮，因此新聞媒體對於1920年「第七屆比利時安特衛普奧運會（以下簡稱第七屆奧運會）」日本選拔參賽選手的過程格外關注，並於競賽期間每日的報紙上詳加報導「第七屆奧運會預選會」相關成績賽事。

　　有趣的是，《臺灣日日新報》也跟上此風潮，於1920年4月19至30日期間報導了8篇從東京電發之概況，其中有幾篇新聞是以刊載各項目獲得前三名選手為主，從中遽然赫見一位名為「陳溪泉」的唯一非日本內地人選手名列在慶應400公尺接力冠軍名單當中。[39]那麼這位「陳溪泉」究竟為何方神聖呢？經筆者細心比對競賽名稱、時間、成績、其他接力成員等資料過後發現，這位「陳溪泉」其實就是「陳啟川」，其誤植之因可想而知應該是在電發轉譯過程，誤將其名轉譯成同臺語發音之「陳溪泉」。不過很可惜的是，《臺灣日日新報》僅止於刊載名次與成績，並未對這位出生於臺灣的選手多加評論與報導，甚是可惜。[40]

---

[39]　〈國際競技豫選大會〉，《臺灣日日新報》，1920.04.26，05版。

[40]　請參閱山本邦夫，《日本陸上競技史》，255。慶應義塾體育會競技部75周年記念事業實行委員會，《75周年記念慶應義塾體育會競走部史》（東京：慶應陸上競技俱樂部，1994），25。

接著，若再進一步參閱《臺灣體育史》的記述內容後，更可得知其實在1920年當時的臺灣，不論是在臺日本人，或是臺灣本島人，基本上大多數的民眾仍不知奧運會競技項目為何，對此熟悉者約莫僅有在臺肩負起推動田徑運動重責大任之「箕輪平」[41]而已。故想當然耳，別說是獲得全日本冠軍的「陳溪泉」了，就連有關奧運會選拔的相關報導也很難引起臺灣社會民眾的關注。

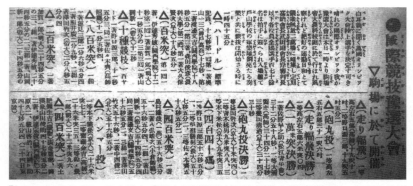

▎1920年4月24日，東京發之「第七屆國際奧林匹克運動會選手預選賽」各項目前三名成績一覽）。

---

[41] 箕輪平任職於臺灣總督府工業講習所，曾於求學時代接觸田徑運動，故對近代奧運會之事略知一二。1920年時，箕輪平與近藤敏夫一同擔任臺灣第一個田徑競技團體——「二葉會」之指導者。請參閱竹村豐俊，《臺灣體育》，248。

❖臺灣最早的田徑賽──二葉會全島大會

　　就在日本內地掀起田徑運動熱潮不久後，這股風潮很快地隨著殖民統治，以及擁有選手經驗的殖民地年輕官吏，飄洋過海帶入臺灣，進而引發臺灣田徑運動朝向組織化與定期舉辦賽事的模式發展。

　　根據竹村豐俊著之〈臺灣の陸上競技界（中文譯文為臺灣田徑界）〉的內容指出，臺灣最初有指導者教導正規田徑運動之起源地，並非在臺北，而是在南投的深山裡由箕輪平所帶領進行。1919年，來臺灣至三井物產會社服務的「近藤敏夫」[42]，由於他是東京帝國大學中長距離競賽紀錄保持者，且又對運動抱持相當熱忱與理想，故使得田徑運動開始在臺北萌芽發展。接著，再加上隨著箕輪平轉職至臺北，遂與近藤敏夫一同號召臺北地區的田徑愛好者在1920年春季組織成立「二葉俱樂部（以下簡稱二葉會）」，於每日下午穿著白色隊服在臺北新公園展開練習，由箕輪平與近藤敏夫分別負責指導田賽與競賽，並籌劃5月26日舉辦練習大會。不過，此時的成員並無臺灣人。[43]

---

[42] 近藤敏夫曾在「第六屆全國陸上競技大會」中，以58秒4的成績獲得400公尺項目第三名，請參閱山本邦夫，《日本陸上競技史》，613。

[43] 有關日治時期臺灣田徑運動的起源與發展，請參閱竹村豐俊，〈臺灣の陸上競技界〉，《臺灣時報》，（臺北，1933.04）：130-131。竹村豐俊，《臺灣體育》，248。

短短不到一個月，二葉會便快速的凝聚了臺灣田徑運動風氣，再加上民政長官「下村宏」[44]積極獎勵戶外運動，以及時常於傍晚穿著浴衣到場支持二葉會練習情況等因素，遂決定藉臺灣始政紀念日之機，於1920年6月27日臺北新公園內舉辦臺灣最初的「全島陸上競技大會（又名「二葉會全島大會」），並廣發英雄帖邀請約數百在臺日本人與臺灣本島人參加競技，競技項目有：100公尺、200公尺、400公尺、800公尺、1500公尺、10000公尺、10哩馬拉松、跳高、跳遠、標槍、鐵餅、鉛球、鏈球、三級跳遠、800公尺接力、1600公尺接力等。

　　此外，為籌辦本次賽會，還特別召集約二十名的專家，斟酌參考世界紀錄、極東運動會紀錄、日本紀錄、東京帝大紀錄等田徑成績，共同協商制定出「臺灣標準紀錄」。為激勵選手締造臺灣紀錄，臺灣日日新報社還特別提供「臺灣日日賞」金牌一面，只可惜競賽當日僅有竹中逸雄一人在100公尺項目中平「臺灣標準紀錄」，不過亦有湯鼎紅、李延澤、郭樹枝等臺灣人在各個項目中嶄露頭角。[45]

---

[44] 下村宏曾在日本東京帝國大學就學期間，於1895年11月30日參加該校舉辦之運動會，並以4公尺82的成績奪得跳遠第一名，請參閱山本邦夫，《日本陸上競技史》，7。

[45] 竹村豐俊，《臺灣體育》，248。〈近藤箕輪兩選手指導下に　陸上競技團生る　二葉俱樂部と命名〉，《臺灣日日新報》，1920.06.03，07版。〈臺灣標準記錄〉，《臺灣日日新報》，1920.06.27，07版。〈初めて臺灣標準に達した　百米突決勝戰　名譽ある竹中氏〉，《臺灣日日新報》，1920.06.28，05版。

［1920年臺灣田徑標準紀錄之報紙圖表］

1920年臺灣田徑標準紀錄。

❖臺灣第一屆全島陸上競技大會的開辦

1920年9月27日，民政長官下村宏於官邸召開協議會，於會中提及有鑑於臺灣運動風氣日漸盛行，但在缺乏經費支援與未有統轄各運動團體的權責機關，故倡議創立「臺灣體育協會」[46]，訂於10月21日在臺北新公園舉行「第一屆全島陸上競技大會（相當現今全國運動會田徑賽，或是全國田徑錦標賽層級）兼臺灣體育協會成立大會」。

比賽當日，久邇宮同妃殿下親臨會場觀看南國健兒，下村名譽會長親率約180名選手於上午八點在操場北面整列，一

---

[46] 「臺灣體育協會」成立於1920年10月21日，是為日治時期統轄各體育運動團體主要的組織，除負有推廣各項運動風氣外，亦肩負起選派臺灣島內優秀選手赴日參加各項競賽之責任。請參閱鄭國銘，〈日治時期臺灣社會體育組織及其運作的歷史考察〉，164-199、223-234。

同遙拜臺灣神社與進行武運祈禱，在訓示選手過後，旋即展開100公尺、200公尺、400公尺、800公尺、1500公尺、10000公尺、十哩馬拉松、跳高、跳遠、立定跳高、立定跳遠、撐竿跳高、標槍、鐵餅、鉛球、鏈球、三級跳遠、800公尺接力、1600公尺接力、110公尺跨欄、200公尺跨欄等二十一項競技，並有在臺日本人竹忠逸雄、近藤敏夫、橫田太郎、立花正則與臺灣本島人陳清忠、李延澤、蕭樂善、林長清等好手投入參賽，正式揭開日後舉辦長達二十三年全島陸上競技大會的序幕。[47]

在正式組織成立過後，臺灣體育協會為提升臺灣田徑水準，陸續招聘或邀請嫻熟此道之人來臺從事教學、行政、教練及巡迴講座等相關工作。舉例來說：在講座部分，邀請淡水中學（現今淡江中學）代理校長「羅虔益（Kenneth W. Dowie）」[48]、基督教青年會的布朗（F. H. Brown），以及日本內地名選手人見絹枝、南部忠平、加賀一郎、織田幹雄等人；在教學部分有

---

[47] 竹村豐俊，《臺灣體育》，249。〈宮殿下の御台臨を仰ぐ晴れの舞臺に技を競ふ南國の健兒〉，《臺灣日日新報》，1920.10.22，07版。

[48] 羅虔益在臺期間不僅負責設計建蓋淡水中學之八角塔、體育館等外，亦在田徑場上認真指導淡水中學之蕭善樂、李延澤、章玉田、張秋雲等臺灣籍運動健將。有趣的是，在課餘時間指導學生練習田徑運動的同時，自身也不斷精進、辛勤磨練田徑技能，代表淡水中學於「第二屆、第三屆、第五屆全島陸上競技大會」110公尺跨欄、200公尺跨欄、跳高、跳遠、三級跳遠等項目中勇奪七金一銀的佳績，並曾是臺灣110公尺跨欄、200公尺跨欄、跳遠、三級跳遠等的紀錄保持者，留有師生同場競技、一同穿金戴銀的佳話。有關上述事蹟，請參閱蘇文魁，〈羅虔益和他的八角塔〉，<http://http://www.laijohn.com/archives/pm/Dowie,K/brief/Sou,Bkhoe/1.htm>，2020.02.10檢索。竹村豐俊，《臺灣體育》，252-258、334、338-339。

「永田重隆」[49]、「鴻澤吾老」[50]等人的渡臺；在行政部分則是招聘宮下靜一郎、石塚長臣等人。[51]其中，鴻澤吾老與永田重隆兩人應該熟知陳啟川在田徑場上的傑出表現，因為他們曾經在1918年「第六屆全國陸上競技大會」、1920年「第七屆奧運會預選賽」、1921年「第五屆上海極東競技大會預選賽」等競技會中多次交手。

　　總而言之，1920年「第一屆全島陸上競技大會」的開辦，無疑是臺灣田徑史上嶄新的一頁，亦是宣告田徑運動正式在臺落地生根與奠定日後在臺發展的重要基石。此外，透過全島陸上競技大會的競爭平臺，不僅可以砥礪精進臺灣的競技水準，且自1924年「第四屆全島陸上競技大會」起，表現優異者甚至還可獲得前往全日本運動競技最高殿堂──「明治神宮體育大會」[52]的

---

[49] 永田重隆於1921年「第五屆上海極東競技大會」中，曾代表日本參加220碼項目競賽，渡臺期間則是在臺北師範學校任教，積極在臺推廣田徑運動，並為臺灣體育運動向上，特別撰述《臺灣體育之理論及實際研究》，該書除敘述「體育的本質」、「運動生理學」、「學校體操教授要目作成的要旨」、「學校教授要目與臺灣島實施上的注意」等外，更在「競技」與「附錄」的部分，以長達40多頁的篇幅介紹起跑、壓線、接力、長短距離步伐、跳遠、跳高、撐竿跳高、三級跳遠、鉛球、鐵餅、標槍、鏈球等田徑運動的競技項目。有關上述之事蹟，請參閱山本邦夫，《日本陸上競技史》，428-433；永田重隆，《臺灣體育之理論及實際研究》（臺北：臺美堂，1927）。

[50] 鴻澤吾老曾代表日本於1919年參加「第四屆馬尼拉極東競技大會」，但卻在五項運動中慘遭敗北。至1921年時，則是在「第五屆上海極東競技大會」中，奪得跳遠第四名、五項全能運動第三名，請參閱山本邦夫，《日本陸上競技史》，424-433。

[51] 竹村豐俊，《臺灣體育》，249-250。

[52] 為景仰明治天皇之聖德與鍛鍊日本國民身心為目的，於1924年起開始舉辦「明治神宮體育大會」，競技項目有：田徑、游泳、足球、籃球、網球、排球等22個項

機會,藉此嶄露頭角與日本殖民者一較高下。再者,臺灣體育協會亦配合大日本體育協會的政策指示,分別於1921年、1924年起在臺灣舉行極東競技大會與奧運會的地區預選賽,讓蕭善樂、李延澤等臺灣選手能有機會進一步挑戰水準更高的國際舞臺。[53]

但令人意外的是,就在「第一屆全島陸上競技大會」舉辦前,其實即有臺灣人跳脫此路徑,透過前往日本內地留學的管道,辛勤鍛鍊自己的田徑技能,除了代表慶應義塾參與日本全國級的田徑賽事外,更在臺灣人尚未知曉奧運會時,率先於日本東京參加1920年「第七屆奧運預選會」,以挑戰進軍奧運會殿堂為夢想,此人即是在臺灣政商界頗負盛名的「陳啟川」。

目。1939年,因應時局的變化,加入國防競技項目,遂更名為「明治神宮國民體育大會」。1942年,因受太平洋戰爭爆發的影響,又更名為「明治神宮國民鍊成大會」。詳細內容,請參閱今村嘉雄,《新修体育大辞書》,1467-1468。

[53] 在此補充說明,有關1921年第五屆上海極東競技大會日本代表選手選拔方式分為:日本內地與海外地區選拔。日本內地選拔較為嚴格,需經歷二次的預選賽考選;海外地區選拔,則是交由臺灣體育協會、朝鮮體育協會、上海體育協會自行舉辦預選賽後,將成績提報日本體育協會選考會即可,不需至日本內地參加第二次預選賽。因此,臺灣體育協會在舉辦地區預選賽過後,提報橫田太郎(鐵團)、竹中逸雄(北中)、李延澤(淡水中)、蕭善樂(淡水中)四名選手前往中國參加第五屆上海極東競技大會。其中,李延澤與蕭善樂是臺灣籍運動員首次赴國際參加田徑賽的先驅,雖說成績不盡理想,且存有實力落差,但此初體驗已為臺灣籍運動員開啟遠赴海外參與國際賽事之寶貴經驗。請參閱竹村豐俊,《臺灣體育》,258-259、326-328。山本邦夫,《日本陸上競技史》,428-430。

上：1920年「第一屆全島陸上競技大會」舉辦情景（上為下村名譽會長致詞；左下
　　為下村名譽會長與近藤敏夫；右下為一萬公尺競賽起跑）。
下：1920年代初期於臺北新公園舉辦的田徑運動賽。（圖片來源：竹村豐俊，《臺灣
　　體育史》【國立臺灣圖書館】）

❖ 日治時期臺灣田徑名人堂

┌ 陳清忠 ┐

　　1895年5月17日出生，臺北新店人，曾擔任日本同志社大學橄欖球隊隊長，率隊奪得全日本第一屆高等學校橄欖球金盃。畢業後，回臺至淡水中學擔任英文教師，開始致力於推展橄欖球運動，戰後則是出任純德女中校長，是為「臺灣橄欖球之父」。

　　陳氏於淡水中學任教之初，即改換上釘鞋於「第一屆、第二屆全島陸上競技大會」100公尺、200公尺項目中奪下二金一銀的佳績，並曾在1921年2月27日青葉會全島大會100公尺項目中，以11秒8的成績刷新李延澤所保持的臺灣紀錄，成為臺灣第一位跑進12秒大關的男子選手。1921年5月，陳清忠被臺灣體育協會徵召成為第五屆上海極東大會400公尺接力項目代表選手，但因另兩位選手（近藤敏夫、井手久雄）工作繁忙無法配合的關係，故最終未能前往上海。

參考文獻

竹村豐俊編，《臺灣體育史》。
〈臺南の野に陸上競技大會　二葉會選手南下〉，《臺灣日日新報》，1921.02.25，
　　07版。
〈極東オリンピツク會出場　臺灣代表選手決定〉，《臺灣日日新報》，1921.05.15，
　　07版。

蕭樂善

　　蕭樂善1900年12月6日出生，新竹人，曾在羅東、雙連、新店等教會擔任牧師。

　　蕭氏於淡水中學求學期間受羅虔益指導下，於「第一屆、第二屆全島陸上競技大會」跳高、立定跳高、跳遠、撐竿跳高、110公尺跨欄、鐵餅項目中奪下四金三銀一銅的佳績，並曾保持過跳高（約1.70公尺）、撐竿跳高（約2.83公尺）之臺灣紀錄。

　　1921年5月，因在「第五屆上海極東競技大會臺灣地區預選賽」跳高項目中表現傑出，與李延澤一同被臺灣體育協會推薦成為第五屆上海極東大會跳高與撐竿跳高項目代表選手。

參考文獻

竹村豐俊編，《臺灣體育史》。

〈極東オリンピック會出場　臺灣代表選手決定　二十日信濃丸にて出發〉，《臺灣日日新報》，1921.05.15，07版。

新使者雜誌，〈日治時期北部教會三年運動的舵手──蕭樂善牧師〉，<http://newmsgr.pct.org.tw/Magazine.aspx?strTID=1&strISID=134&strMAGID=M2013022203257>，2019.09.10檢索。

李延澤

　　李延澤為李春生之孫，臺北人，1925年赴美國華盛頓大學留學。李氏於淡水中學求學期間受羅虔益指導下，於「第一屆全島陸上競技大會」跳遠、撐竿跳高、三級跳遠、100公尺項目中奪下一金二銀一銅的佳績，並曾保持過跳遠（約6.04公尺）、100公尺（12秒00）之臺灣紀錄。

　　1921年5月，因在「第五屆上海極東競技大會臺灣地區預選賽」100碼（約91.44公尺）項目中跑出10秒7的優秀成績，故與蕭樂善一同被臺灣體育協會推薦成為第五屆上海極東大會100碼與跳遠項目代表選手。

參考文獻

竹村豐俊編，《臺灣體育史》。
〈極東オリンピック會出場　臺灣代表選手決定　二十日信濃丸にて出發〉，《臺灣日日新報》，1921.05.15，07版。
〈李延澤氏〉，《臺灣日日新報》，1925.10.12，02版。

高兩貴

　　高兩貴1907年1月29日出生，臺北人，曾擔任中央經濟日報社主幹、新高會館主、臺中奉公青年隊企畫部長、皇民奉公會臺中州支部委員等職。

　　1923年，加入第一個以臺灣人為主體之體育團體──「臺北青年體育會」後，旋即披上「臺北青年」的戰袍，展開其在跳高、撐竿跳之天分，並以參與公平競爭之運動競賽做為抵抗，在田徑場上與日本殖民者較勁。在1923-1926年期間，曾在「全島陸上競技大會」中奪下二金三銀一銅的佳績，且又在撐竿跳項目中分別以3公尺06、3公尺18、3公尺25之成績，三度刷新臺灣紀錄，不失為是「臺灣初代鳥人」。

參考文獻

竹村豐俊編，《臺灣體育史》。
株式會社臺灣新聞社，《臺灣實業名鑑》。
興南新聞社，《臺灣人士鑑》。
雷寅雄，《高何土先生與台灣田徑》。

高何土

　　高何土1907年出生於臺北大稻埕，因受其兄高兩貴之影響，亦加入「臺北青年體育會」，至1927年時更籌組「北星田徑團」，並擔任隊長乙職，將從事田徑運動視為可以「打擊日本殖民者高傲」與「提高臺灣人尊嚴」的場域，因而號召有志之士日復一日辛勤苦練中長距離項目。

　　高何土主攻800公尺與1500公尺，雖僅在1927-1929年期間，於「全島陸上競技大會」中奪下一銀一銅的成績，但最為時人所津津樂道的莫過於在1929年4月29日「三線道路接力賽」中，率領沒沒無名之「北星A隊（第一棒高何土15分26秒；第二棒杜三江16分；第三棒林石壁15分43秒；第四棒賴長壽15分30秒；第五棒林贊成14分57秒）」大破長期獨霸由日本殖民者組成之「鐵團」。

　　1945年過後，高何土受命成立「臺北市體育會」、「臺灣省田徑協會」等組織，當然對田徑運動的推廣更是未曾間斷，且不遺餘力。1984年，臺灣田徑界特舉辦「高何土盃田徑公開賽」，藉此表彰其在田徑界的無私奉獻的精神。

參考文獻

竹村豐俊編，《臺灣體育史》。
〈無名『の北星』堂々と優勝　霸者鐵團の堅陣遂に破る　三線道路リレー〉，《臺灣日日新報》，1929.04.30，02版。
雷寅雄，《高何土先生與台灣田徑》。

張星賢

　　張星賢1910年10月6日出生，臺中人，自年少時即在臺灣展現過人的田徑天賦，然受臺灣體育協會幹事村橋昌二的差別對待下，不僅更加強自身的民族意識外，亦決心負笈東瀛前往田徑名校——早稻田大學以進軍奧運會為臺灣人揚眉吐氣而辛勤苦練。

　　1931年，破日本400公尺跨欄紀錄。1932年，入選日本代表隊（400公尺跨欄、1600公尺接力），前往第十屆洛杉磯奧運會，是為臺灣籍運動員首登奧運會舞台第一人。1936年，代表滿州國參加選拔，再度入選日本代表隊（1600公尺接力），參加第十一屆柏林奧運會。

　　1948年，被推舉為臺灣省全隊總隊長，帶隊前往中國上海參加第七屆全國運動大會。之後，便告別選手生涯轉居幕後，持續為臺灣體育運動界奉獻心力，曾歷任中華民國體育協進會理事、中華民國奧林匹克委員會委員、臺灣省體育會常務理事等職，亦是臺、日交流間的重要橋樑。

參考文獻

竹村豐俊編，《臺灣體育史》。
張星賢，《慾望理想人生　談我五十餘年的運動生涯》。

林月雲

　　「林月雲」一位崛起於1930年代的臺灣女性田徑運動員選手，在日本太陽旗飄揚的時代中，她以驚人的爆發力與絕佳的彈跳力稱霸日本明治神宮體育大會，並數次奪得日本全國80公尺跨欄、三級跳遠、跳遠之后座，其間更曾經一度突破當時日本紀錄。

　　1932年，林月雲與蕭織一同獲選為首次代表臺灣參加「第十屆洛杉磯奧林匹克運動會全日本預選會」之女子選手；1934年，獲選為倫敦女子奧運會日本代表選手（自行辭退）；1935年與1938年時，更被推舉成為「第十一屆柏林奧林匹克運動會」，以及「第十二屆東京奧林匹克運動會」日本代表第一培訓選手。雖然，最後林月雲因賽前感染肺炎的關係和中日戰爭爆發，終究無緣參加1936年柏林奧運會與1940年東京奧運會，以及她所創之三級跳遠紀錄也終未獲得日本陸上競技聯盟承認。但是，她耀眼的運動成就和追求卓越的精神，已經為臺灣女性運動員挑戰奧運會歷史寫下輝煌的一頁。

參考文獻

竹村豐俊編，《臺灣體育史》。
山本邦夫，《日本陸上競技史》。
金湘斌、徐元民，〈臺灣女性運動員的先驅——林月雲〉，《臺灣體育百年人物誌》，張素珠編，臺北：臺灣身體文化學會，2009：90-127。

蕭　織

　　蕭織1915年9月15日出生，彰化社頭人，曾先後就讀彰化社頭公學校、彰化高等女子學校。在彰化社頭公學校求學期間，因時常追逐火車，再加上對田徑有興趣，以及放學後參加學校田徑社團的關係，練就一雙飛毛腿。

　　在進入彰化高等女子學校接受菊地千代壽指導後，於1932年4月29-30日「全日本奧林匹克運動會臺灣地方預選會（兼建功神社奉納大會）」中，表現一鳴驚人，不僅在200公尺（第二名27秒4臺灣新紀錄）、200公尺接力（第二名26秒6）、400公尺接力（第二名54秒4）項目中奪得三銀，更在80公尺跨欄項目以13秒2拔得頭籌，成為臺灣籍女子運動員第一位在此項目豎立臺灣新紀錄者。1932年5月，破天荒與同儕林月雲一同獲選為首次代表臺灣參加「第十屆奧林匹克運動會全日本預選會」之女子選手，試圖在80公尺跨欄與200公尺項目角逐全日本奧運會參賽資格，雖說最終僅在80公尺跨欄項目中獲得第四名，無緣奧運會，但已為臺灣籍女子運動員開闢出挑戰奧運會之路徑。

參考文獻

竹村豐俊編，《臺灣體育史》。
山本邦夫，《日本陸上競技史》。
〈全日本豫選會に蕭氏織孃も出場〉，《臺灣日日新報》，1932.05.14，07版。
〈林、蕭兩代表の豫選入選は確實〉，《臺灣日日新報》，1932.05.22，02版。
〈林、蕭兩孃歸る〉，《臺灣日日新報》，1932.06.06，07版。
林憲興（蕭織三男），面訪，臺東市林宅客廳，2016年05月01日。訪問人為金湘斌，
　　國立高雄師範大學體育學系助理教授。

Chapter 3

奧運夢啟航

——田徑場上打拼的陳啟川

❖健壯的身體：苓雅寮公學校時期

陳啟川於苓雅寮公學校就讀期間（1907-1912年），雖說臺灣早已割讓予日本，但其父陳中和因重視漢學與武術教育的關係，於課後特別聘請宿儒、武師教導，奠定其允文允武的基礎。附帶一提，陳啟川至六十多歲時，曾陪同美國第七艦隊高級將官一同至澄清湖打高爾夫球，不論是揮桿擊球，都還能以木桿擊出260-270碼與之不相上下，令在場將官們欽佩不已，而陳啟川都將此歸因於小時候練習武術之故。[54]由此可知，或許因陳啟川在小時候曾接受武術教育的關係，使之紮下日後參與跑、跳、擲田徑全能運動項目深厚的根基。

可惜礙於史料闕如，對於在公學校時期，是否曾參與體育運動競賽目前則不清楚，僅能從陳田圃、陳美吟的回憶得知：「他自小因營養充足飲食無缺身體強健，且相當喜歡從事體育活動或運動競技」[55]。關於身體強壯這點，據《苓雅寮公學校家庭通訊簿》「身體狀況」中所載之陳啟川第六學年身高為151.5公分（日文原載為5尺，1尺約30.3公分）、體重為36公斤（日文原載為60斤，1斤約0.6公斤）、胸圍為69.69公分（日文

---

[54] 陳啟川先生文教基金會，《懷念老市長陳啟川先生暨基金會成立20週年紀念特刊》，34。
[55] 陳田圃，面訪，陳啟川先生文教基金會，2017年5月18日。訪問人為金湘斌，國立高雄師範大學體育學系副教授。陳美吟，面訪，麗尊酒店，2017年6月22日。訪問人為金湘斌，國立高雄師範大學體育學系副教授。

原載為2尺3吋，1吋約為3.03公分），[56]若與1910年4月臺灣總督府調查之《臺灣各種學校生徒及兒童發育統計》進行比較，可了解陳啟川的身高、體重、胸圍確實皆優於同年齡的日本與臺灣學童。[57]接著，關於從事體育活動或運動競技這點，就《苓雅寮公學校家庭通訊簿》「學業成績」中所載之陳啟川第四、五、六學年的體操科學年末成績分別為七分、八分、八分可推測，[58]陳啟川在體操科方面應該有平均值以上的表現，但因體操科的教授並不等同於運動競技，故無從得知陳啟川本人實際在參與運動競技上的能力。

在此特別補充說明一點，當時公學校體操科主要以教授遊戲與普通體操為主，雖田徑運動尚未正式於公學校中實施，[59]

---

[56] 陳啟川先生文教基金會收藏之《苓雅寮公學校家庭通訊簿》，11。

[57] 有關臺灣公學校、臺灣小學校、日本小學校之身體狀況，請參閱臺灣總督府官房統計課，《臺灣各種學校生徒及兒童發育統計（明治四十三年四月調查）》（臺北：臺灣總督府，1913）。

[58] 據「學業成績」附註說明可得知，當時採用十分為滿分之計分方式。有關於陳啟川詳細的體操成績如下：第四學年第一學期7分、第二學期7分、第三學期7分；第五學年第一學期8分、8分、8分；第六學年第一學期9分、第二學期8分、第三學期8分。請參閱陳啟川先生文教基金會收藏之《苓雅寮公學校家庭通訊簿》，3-5。

[59] 田徑運動究竟於何時正式在公學校當中的實施，基本上與1920年代田徑熱潮吹入殖民地臺灣，以及1922年公學校規則改正規定「得進行適當之戶外運動」有著絕大的關係。1924年時，則有臺北師範學校附屬小學校正榕會編著的田徑參考教材──《小公學校教材陸上競技精說》的出現，並建議將田徑各項目依其難易度，適當地排入於各年級當中實施。直至1927年《學校體操教授要目》公佈後，才正式將短距離競賽、中距離競賽、接力競賽、跳高、跳遠、三級跳遠、籃球擲遠、籃球、排球、手球等列為公學校實施「遊戲及競技（走技、跳技、投技、球技部分）」中的正式項目。以上文獻，請參閱臺北師範學校附屬

但是在競爭遊戲與普通體操的跳躍運動教材中,以及公學校舉辦運動會時,[60]常可見到賽跑(日文原文為「徒競走」)、耐力賽跑(日文原文為「耐力競走」)、立定跳高、立定跳遠等類似田徑運動的內容出現。

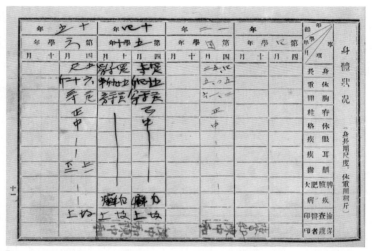

▌陳啟川就讀苓雅寮公學校第四、五、六學年「身體狀況」。(資料來源:《苓雅寮公學校家庭通訊簿》,陳啟川先生文教基金會提供)

小學校正榕會,《小公學校教材陸上競技精說》(臺北:臺灣子供世界社,1924)。臺灣總督府,《學校體操教授要目》(臺北:臺灣總督府,1927)。
[60] 翻閱《臺灣日日新報》可知,打狗公學校曾於1910年11月23日舉辦秋季運動會時,邀請苓雅寮公學校、舊城公學校、打狗小學校,共計約千名兒童一同與會參加。〈打狗通信公校運動〉,《臺灣日日新報》,1910.11.30,03版。

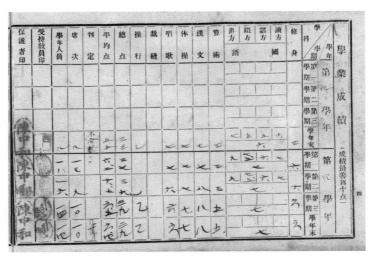

▌陳啟川就讀苓雅寮公學校第四學年「學業成績」。（資料來源：《苓雅寮
　公學校家庭通訊簿》，陳啟川先生文教基金會提供）

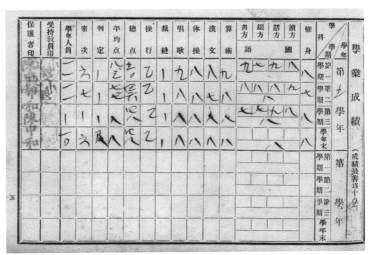

▌陳啟川就讀苓雅寮公學校第五學年「學業成績」。（資料來源：《苓雅寮
　公學校家庭通訊簿》，陳啟川先生文教基金會提供）

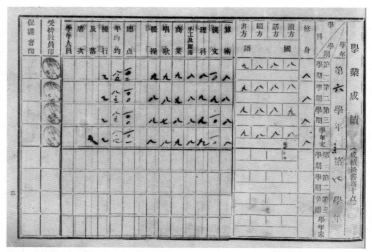

陳啟川就讀苓雅寮公學校第六學年「學業成績」。（資料來源：《苓雅寮公學校家庭通訊簿》，陳啟川先生文教基金會提供）

❖潛能的展現：席捲全日本中等學校選手權大會

在日本殖民統治下，臺灣中等以上的教育機關，教育程度基本上普遍較日本內地低，而臺灣總督府所設立的國語學校與醫學專門學校，可容納之學生數更是無法滿足臺灣社會的需求，間接突顯出臺灣殖民教育欠缺完備的制度與公平的教育機會。再者，日本殖民政府建構的教育目的並非培育國家政、經領導菁英，故使得臺灣上流階層，在考量穩固家族事業、社會領導地位等因素，直接遣送子弟至日本內地留學。在此時代氛圍下，南部首富陳中和於1900年時，即透過臺灣協會的協助

下，商請慶應義塾特別為其家族子弟開班授課，在接下來的幾年間亦陸續培養其餘諸子負笈東瀛。[61]

1912年，陳啟川自苓雅寮公學校畢業後，同樣地沿襲家族傳統至慶應義塾留學，[62]先後入學於初等部、高等部、大學部前後共8年。在陳啟川於初等部就讀期間，由於慶應義塾體育會競走部（即田徑社或田徑隊之意，以下簡稱慶應競走部）尚未成立的關係，再加上未有任何史料記載，所以依舊無從得知陳啟川在此時期間是否曾參與體育運動競賽。

不過，就《75周年記念慶應義塾體育會競走部史》刊載的內容可得知，自1883年東京帝國大學開辦陸上運動會，以及1886年慶應義塾於三田山上舉行運動會過後，便開啟各大學與專門學校定期舉辦競技會的風氣。約至1910年代起，各級學校間舉辦春、秋季運動大會之風日漸盛行，當然慶應義塾按例每年也會盛大舉辦運動大會，其中800公尺（理財、法律、政治、文科的對抗）、600公尺（預科、普通、商工部間的對抗），以及中上川氏（中上川彥次郎）紀念1000公尺競賽皆是眾人關注的焦點。

---

[61] 吳文星，《日治時期臺灣的社會領導階層》（臺北：五南，2008），104-131。

[62] 在此補充說明，陳中和家族之子弟大多至慶應義塾完成高等學業，然八子陳啟清在慶應義塾普通部就學期間，因喜愛參與橄欖球運動而受傷返臺就讀臺北工商學校，畢業後再赴日本明治大學法學部就讀，其選擇該校就讀的原因之一，不外乎與明治大學橄欖球隊名揚日本有著密切的關係。有關陳啟清的相關事蹟，請參考戴寶村，《陳中和家族史：從糖業貿易到政經世界》，173-178。

直至1917年，在峰、深堀兩位學生多年的爭取，慶應義塾才正式成立競走部，並在獲得警察許可，以及社員手持便當與肩挑石灰中，於芝浦完成簡單的田徑場，之後甚至邀請到喜好田徑運動的美國籍大學預科英文教師Widow（日文原文為ウィドー）蒞臨教學指導，遂開啟日後「陸之王者・慶應」名揚日本田徑界歷史的新頁。[63]故不難想像的是，就算中學時期的陳啟川未參與其中，但必定見過慶應義塾運動會進行預科、普通、商工部間600公尺對抗的激烈較勁。而且，就在慶應競走部成立不久後，便時常可見到陳啟川於田徑場勤奮練習跑、跳、擲的身影。

　　1918年10月5-6日，慶應義塾在自家田徑場——三田綱町舉辦「第一屆慶應競技會」，在這場賽事中，陳啟川以23公尺70的成績獲得鐵餅冠軍，這也是截至目前為止第一筆刊載陳啟川參與田徑競賽獲獎的史料。[64]同年11月2-3日，芝浦競技場舉行「第六屆全國陸上競技大會」，在這場具有選拔「第四屆馬尼拉極東競技大會」日本代表選手的賽事中，陳啟川開啟他田徑生涯首次參與日本全國層級之田徑競賽經驗，出賽一般組

[63] 有關慶應義塾大學競走部之歷史發展，請參閱慶應義塾體育會競技部75周年記念事業實行委員會，《75周年記念慶應義塾體育會競走部史》，15-16。另外，山縣亮太、廣瀨英行、橫田真人等皆是應義塾體育會競走部孕育出之日本田徑名將，請參閱慶應義塾體育會競走部，〈塾記錄〉，<http:// keio-tf.org>，2020.03.10檢索。

[64] 慶應義塾體育會競技部75周年記念事業實行委員會，《75周年記念慶應義塾體育會競走部史》，18。

100公尺預賽（G組第二名12秒2），並在中等學校組異程接力賽（medley relay）中獲得第三名的佳績。[65]六天後（9日），又在「東京帝大運動會」之中等學校組接力賽中擔任最後一棒，帶領慶應商工拔得頭籌。[66]

　　若是就目前可查閱的史料而言，這是陳啟川在日本全國層級之田徑賽中的初次亮相，應該也是第一位登上日本全國層級競賽之臺灣人，之後陸續才有林進川、張星賢、林月雲等人代表臺灣在此等級的賽事中與日本內地人一較長短。[67]

　　1919年5月5日，陳啟川在駒場東京帝國大學農學部競技場（以下簡稱東京駒場運動場）[68]舉辦的「第一屆全國中等學校選手權大會」中，技壓日本殖民統治者，令日本學生望塵莫及，除僅在100公尺獲得銀牌外，竟以橫掃、無人能擋姿態一人囊括200公尺、鐵餅、鉛球、標槍、800公尺接力，共五面金牌。[69]《近代陸上競技史（中卷）》中，以「陳啟川一人獨霸4

---

[65] 中等學校組異程接力賽成員為：第一棒室井孫一郎、第二棒陳啟川、第三棒近藤純弘、第四棒新田太郎，請參閱山本邦夫，《日本陸上競技史》，614。

[66] 中等學校組接力賽成員為：第一棒益田弘、第二棒長谷川潤、第三棒室井孫一郎、第四棒陳啟川，請參閱山本邦夫，《近代陸上競技史（上卷）》（東京：道和書院，1974），847。

[67] 林進川於1924年、張星賢於1929年、林月雲於1931年代表臺灣至明治神宮競技大會參賽。請參閱竹村豐俊，《臺灣體育》，326-328。

[68] 東京駒場運動場為1920-1924年支撐日本田徑界發展最重要的運動場，雖說一圈僅280公尺，且跑道的長度與彎道距離窄小，下雨時又會積水造成泥濘不堪的現象，但在當時仍是日本國內大、小賽會舉辦的首選。有關東京駒場運動場的詳細介紹，請參閱山本邦夫，《日本陸上競技史》，30-31。

[69] 山本邦夫，《近代陸上競技史（中卷）》（東京：道和書院，1974），879-880。

左：慶應義塾商工學校接力隊，陳啟川（右二）。（資料來源：陳啟川先生文教基金會提供）

右：慶應義塾商工學校接力隊第二棒陳啟川。（資料來源：陳啟川先生文教基金會提供）

個項目，是該校優勝的最大動力」[70]來形容。

　　1919年9月7日，隨著慶應義塾競走部的日發茁壯，該部決定至大阪鳴尾運動場與關西之雄——神戶高商，進行創校以來第一次的校際交流競賽（日文原文為「対校競技」）。為了此次的校際交流，慶應義塾競走部還特地至靜岡縣江尻進行移地訓練，備戰強敵，其結果當然順利攻克神戶高商。緊接其後，陳啟川又在10月26日舉辦之「第二屆全國中等學校選手權大會」中，

---

[70] 山本邦夫，《近代陸上競技史（中卷）》，880。織田幹雄，《陸上競技百年》，35。

表現的相當活躍,雖僅在100公尺項目獲得銅牌與在200公尺、鐵餅、標槍、800公尺接力項目奪得銀牌,但在鉛球、跳遠、三級跳遠項目表現不俗順利摘下三面金牌,對此《近代陸上競技史(中卷)》罕見特筆寫下「陳啟川在操場亂蹦亂跳,不論在競賽,或是跳部與擲部中,皆有傑出的表現。」[71]

　　若綜合第一、第二屆全國中等學校選手權大會一併觀之,陳啟川一共獲得8金5銀1銅的絕佳成績,此紀錄至今日本國內無人可及,其不論是在徑賽,抑或是田賽中,皆有驚人的表現,當然亦突顯出他具備日後轉戰全能項目的資質與實力。再者,或許就是經此兩場賽事後,使得陳啟川聲名遠播,揚名於日本田徑場,進一步博得「運動界明星」之封號,對此王成聖曾於〈臺灣奇人陳啟川〉乙文中的「青年期是體育健將」做出了如下的描述:

　　　　每一項都壓倒日本學生,名列前茅,日本人很不服氣,
　　　　說他是來自臺灣的山地人。年輕陳啟川黑黑壯壯,外觀
　　　　確實有點像山地人。其實他是祖籍中原,道地的炎黃冑
　　　　裔。他自認在操場壓倒日本人,跟民族自尊有關。結果
　　　　操場一戰,使他名聲遠播,許多日本人都知道他。[72]

---

[71] 山本邦夫,《近代陸上競技史(中卷)》,941。
[72] 王成聖,〈臺灣奇人陳啟川〉,18。

在分析此段描述前，不得不先提出戰後政權歷經遞嬗，臺籍菁英運動員透過講求公平競爭的比賽，在運動場上與日本人對抗的情形，常會成為政府操作的議題，並將其形塑成為「本土英雄」，田徑名將張星賢就是最好的例子。[73]不過，由於陳啟川參與運動競技之時代背景為近代運動競技初導入時期，故縱然陳啟川本人雖可能有藉此從中獲得一絲民族自尊的想法，但仍與1930年代張星賢透過運動競技機制作為抵抗的理念有些許不同。此外，這樣的論述也可能與戰後評論人物，或是建構民族英雄、凝聚族群認同「去日本化、再中國化」的書寫方式有著絕大關連。一般的做法，不外乎是表述臺灣人抗日事蹟與採用中國化的記載。因此，這就不難理解為何王成聖會特意將「他自認在操場壓倒日本人，跟民族自尊有關」、「其實他是祖籍中原，道地的炎黃胄裔」等事蹟置入一併述說，藉此間接隱諱與補強跨越兩個時代人物捲入歷史洪流當中的無奈，以及擺脫過去糾結不清的沉重包袱。[74]

---

[73] 請參閱林玫君在〈身體的競逐與身份的游移——臺灣首位奧運選手張星賢的身份認同之形塑與其糾葛〉中，曾「以接受做為抵抗」探討張星賢的逆向認同，並提及張氏將田徑場視為可以「打倒日本人」的場域，有關張星賢的論述，請參考林玫君，〈身體的競逐與身份的游移——臺灣首位奧運選手張星賢的身份認同之形塑與其糾葛〉，《思與言》，47.1（臺北，2009.03）：127-214。

[74] 有關「去日本化、再中國化」的臺灣人物傳記書寫相關研究，請參閱許雪姬，〈去奴化、趨祖國化下的書寫——以戰後臺灣人物傳為例〉，《師大臺灣史學報》，4（臺北，2011.09）：3-65。

接著，進一步分析內文，雖說我們無從得知陳啟川與王成聖，於何時回憶談到參與田徑方面的感受，但是從內文描述中無疑呈現出「對被殖民者的歧視（discrimination）」和「被殖民者的競爭心（emulation）」兩個問題。第一，在「對被殖民者的歧視」方面，日本殖民統治者將他的勝利歸咎於擁有「臺灣原住民族」優異的身體素質，藉此找尋在運動場上輸給被殖民者的事實，這不僅帶有鄙視臺灣人的眼光，更是一種殖民者再現（representation）異己（the others）身體，以及帶有影射被殖民者文化落後負面形象的心態。[75]第二，在「被殖民者的競爭心」方面，身為日本殖民地臺灣出身的陳啟川，在辛勤投入田徑運動的練習、比賽過程中，或是在不經意的場合中，發現在運動場上的優越表現，似乎能為自己贏得若干的民族自尊。[76]關於此，陳田圃回憶提及：

---

[75] 有關殖民者再現異己身體的探討，可參閱謝仕淵，〈身體與近代國家——以日治初期（1895-1898）國語學校附屬學校與國語傳習所體操為例〉，《運動文化研究》，4（臺北，2008.03）：59-85。另外補充說明，1904年8月12-13日，於第三屆美國聖路易奧運會後，曾邀請非洲黑人、美洲印地安人、南美洲巴塔哥尼亞人、菲律賓莫洛人、日本愛奴人等族群舉行一場人類學競技運動會（Anthropological Games），其意義在測試有色人種於運動競技方面的實力，也促使日後舉辦各類運動賽會朝向排除有色人種（Color line）參加的方向前進，請參考中村敏雄，《スポーツナショナリズム》（東京：大修館書店，1978），286-287。

[76] Allen Guttmann曾述及，體育運動比其他領域有著更多的可能性，特別是在近代體育運動傳播的過程當中，多少會有被殖民者在接受體育運動過後，產生一種凌駕支配者的局面發生，甚至是一種屬於逆襲的情形，而由於競爭心態的使然，撼動支配者對體育運動世界的壟斷，並從中提升、獲取自身的民族自尊心。相信應該

一生熱愛臺灣這塊土地的父親（陳啟川），年輕時在場上與日本人相拼時，從不認為自己是日本人，打從心底認為，即使臺灣是日本的殖民地，但臺灣人是不能被殖民的，因此而認真在操場努力奔跑。[77]

　　縱然這樣的回憶，可能無法完全貼近陳啟川當下參與田徑運動的心情，但陳啟川在運動賽會中優異的表現，已然不僅只是展現自身突出的田徑天分而已，更在這樣的競爭場域中尋找到一種可供自己從中構建民族自尊、自信的一種新途徑。

　　再將關注焦點拉回田徑場，約兩週過後（11月8-9日），大阪鳴尾運動場舉行「第七屆全國陸上競技大會」，此次的競賽，陳啟川參加一般組200公尺與中等學校組100公尺兩個項目，雖說首次跳級參加一般組200公尺的成績表現不盡理想，僅止於複賽，但卻在中等學校組100公尺獲得前所未有的注目。[78]《近代陸上競技史（中卷）》對決賽時的氣氛，做出如下描述：

沒有比能夠在屬於支配者的體育運動中，擊敗他們來的更歡欣鼓舞的事情。不過，在支配者的場域中擊敗支配者固然可喜，但同時也突顯出被支配者對於支配者的忠誠（allegiance）。Allen Guttmann, *Games and Empires: Modern Sports and Cultural Imperialism* (New York: Columbia University Press, 1994), 179-180.

[77] 陳田圃，面訪，陳啟川先生文教基金會，2017年5月18日。訪問人為金湘斌，國立高雄師範大學體育學系副教授。

[78] 山本邦夫，《日本陸上競技史》，617。山本邦夫，《近代陸上競技史（中卷）》，960-961。

█ 1919年慶應義塾商工學校接力隊，
陳啟川（左上）。（資料來源：陳
啟川先生文教基金會提供）

　　現場觀眾均緊張地屏息以待，只為目睹關東的陳啟川與
關西的蔡季森一爭高下，然最後竟然由默默無聞的松浪
嘉一勝出，可謂是鷸蚌相爭漁翁得利。[79]

　　雖然，陳啟川最終僅獲得第三名，且以目前的文獻史料無
法進一步得知有關「蔡季森」[80]之國籍、出身等相關訊息，但

[79] 山本邦夫，《近代陸上競技史（中卷）》，961。
[80] 蔡季森活躍於1919年，主攻100公尺、200公尺、400公尺，被視為日本中等學
校田徑界之奇才，曾代表京都一商參加各田徑賽事。請參閱山本邦夫，《近代
陸上競技史（中卷）》，874-875、900、939、960-961、982。

上：1919年5月11日，慶應義塾商工學校接力隊參賽情景。（資料來源：陳啟川先生
　　文教基金會提供）

下：1919年慶應義塾商工學校接力隊獲勝後繞場，陳啟川（持旗者）。（資料來源：
　　陳啟川先生文教基金會提供）

從在旁加油民眾屏氣凝神觀看賽事的氣氛中，除不難感受到這是一場攸關代表關東與關西對決的激烈程度外，似乎又可嗅出一股觀戰非日本內地人的較勁氛圍，不過這仍有待蒐集相關史料方能進一步考證。綜觀1919年陳啟川的表現，可謂是日漸活躍，另據《75周年記念慶應義塾體育會競走部史》記載可知，陳啟川不僅將練習重心轉移至以目標挑戰奧運會的項目為主外，還已是慶應義塾不可或缺的接力隊主力成員。[81]

❖向奧運挑戰：角逐征戰海外的入場券與勇破日本全國紀錄

1916年，原訂將於德國柏林舉行第六屆奧運會，因適逢第一次世界大戰爆發，遂迫於無奈不得不取消停辦。直至1920年，雖說比利時安特衛普曾遭受戰火重創，不過基於城市復興、鼓舞青年意志，以及厚植青年體力等諸多理由，在不顧國家整體經濟尚處艱困的情況下，仍決心主辦第七屆奧運會。當然，接到此訊息的大日本體育協會也開始積極籌劃相關事宜，準備第二次派遣選手前往參加挑戰。故首先在「第七屆奧運預選會」的舉辦上，原預定按照過去選拔經驗，決定在東京與大阪二處舉行奧運會第一次預選賽。

---

[81] 慶應義塾體育會競技部75周年記念事業實行委員會，《75周年記念慶應義塾體育會競走部史》，20-21。

然而，因田徑運動熱潮已在日本遍地開花，所以反對僅在東京和大阪舉行預選賽的聲量大增，最後大日本體育協會不敵應從日本各地廣募優秀運動好手的輿論壓力，定調於同年4月初旬至中旬，先在日本全國各地舉行十場奧運會第一次預選賽，並選出預選賽各項目前三名的選手，晉級至東京駒場運動場參加4月24-25日的奧運會第二次預選賽。[82]

　　相信這場四年一度，且又能夠挑戰通往奧運會的預選賽事，陳啟川必然有所準備，據陳田圃回憶表示：「我父親曾述及參與奧運預選賽100公尺、跳遠、標槍三個項目。」[83]不過很可惜的是，礙於大多數的史料，並無記載奧運會第一、二次預選賽前三名以下之成績，故無法查詢到陳啟川是否真有參加100公尺、跳遠項目，以及其參賽成績。但令人感到興奮的是，1920年4月17日，東京駒場運動場舉行之「第七屆奧運會第一次預選賽」，陳啟川個人在標槍項目中以39公尺00的成績，獲得第三名，成功挺進第二次預選賽，且他又以慶應義塾大學400公尺接力第二棒的身份登場，與第一棒山田俊輔、第三棒廣兼篤郎、第四棒土居彌生吉一同聯手擊敗東京地區的諸多隊伍，以48秒4的成績榮登第一，順利晉級下一輪預選賽。[84]

---

[82] 1920年奧運會第一次預選賽的舉辦，將臺灣、朝鮮、樺太（庫頁島）三地撇除在外。山本邦夫，《日本陸上競技史》，255。

[83] 陳田圃，面訪，陳啟川先生文教基金會，2017年5月18日。訪問人為金湘斌，國立高雄師範大學體育學系副教授。

[84] 山本邦夫，《日本陸上競技史》，1031、1034。山本邦夫，《近代陸上競技史

左：1920年陳啟川先生穿著慶應義塾大學田徑代表
　　隊服裝留影。（資料來源：陳啟川先生文教基金
　　會提供）
右：1920年陳啟川神情專注練習短距離起跑。（資
　　料來源：陳啟川先生文教基金會提供）

　　約莫一週過後，從各地預選賽約3,600名參賽者中脫穎而
出的191位田徑好手，前來東京駒場運動場參加「第七屆奧運
會第二次預選賽」，預計在兩日的賽程中共同角逐航向奧運會
的入場券。有趣的是，在筆者查閱各區代表選手名單後，赫然
發現，僅有陳啟川一人為非日本內地出身選手，實屬難得。[85]

<hr />

（中卷）》，941-942。慶應義塾體育會競技部75周年記念事業實行委員會，
　　《75周年記念慶應義塾體育會競走部史》，24。
[85] 有關各區代表選手名單，請參閱山本邦夫，《近代陸上競技史（中卷）》，
　　1046-1050。

然而，就陳啟川第二次預選賽的表現觀之，在個人賽標槍項目中，很可惜地並未能進一步締造佳績與突破重圍，因而鎩羽而歸。不過令人振奮的是，在團體賽的400公尺接力中，陳啟川同樣地擔任慶應義塾大學的第二棒，並在4月25日，以原班人馬的組合在同一場地，展現出較第一次預選賽快將近一秒的絕佳默契，除順利為慶應義塾大學摘下第一面全日本400公尺接力金牌外，更以47秒4的成績刷新日本紀錄，[86]成為臺灣籍運動選手第一位獲得大日本體育協會會長嘉納治五郎所頒贈之「大日本體育協會記錄章」與「優秀記錄證」。[87]

左：1920年4月25日，陳啟川在第七屆奧運會預選賽於400公尺接力項目中，以47秒4成績破日本全國紀錄證書。（資料來源：陳啟川先生文教基金會提供）
右：1920年陳啟川打破日本全國紀錄，獲嘉納治五郎所頒贈之紀錄獎章。（資料來源：陳啟川先生文教基金會提供）

---

[86] 原記錄為日本東京帝國大學於1913年11月2日第一屆全國陸上競技大會所創。
[87] 山本邦夫，《日本陸上競技史》，255。慶應義塾體育會競技部75周年記念事業實行委員會，《75周年記念慶應義塾體育會競走部史》，25。

遺憾的是，因當時日本並未籌組報名400公尺接力，以及受大日本體育協會海外派遣選手體制尚未健全與財政困乏等因素，最終僅派遣13位菁英選手前往參加第七屆奧運會，故很可惜陳啟川未能搭上前往奧運會的夢想航班，也在其田徑生涯中留下遺憾。

　　但無論如何就其表現而言，陳啟川能夠晉級至奧運會第二次預選賽與締造全日本400公尺接力紀錄的耀眼成就，已然是臺灣第一人。附帶一提，陳啟川曾當楊傳廣在1960年第十七屆羅馬奧運會中奪得田徑十項運動銀牌時，笑著說：「在體育方面，楊傳廣還是我的後輩哩！」[88]從這句話的背後，似乎隱約透露其壯志未酬之感慨。

▍1960年9月16日，「亞洲鐵人」楊傳廣於羅馬奧運會奪得銀牌後，凱旋抵達高雄市，受到陳啟川市長的熱烈接待。（資料來源：陳啟川先生文教基金會提供，董青藍攝）

---

[88] 王成聖，〈臺灣奇人陳啟川〉，18。

此外，雖說臺灣體育協會自1924年起，即在臺灣舉行奧運會第一次預選賽，但在接下來的七至八年間，卻無臺灣籍運動員能打破日本紀錄與晉級奧運會第二次預選賽。一直要到1931年才有張星賢再度締造全日本紀錄，以及1932年勇闖奧運會第二次預選賽，並成功獲選代表日本參加「第十屆美國洛杉磯奧運會」。[89]

上：慶應義塾大學接力團隊（一），陳啟
　　川（左二）。（資料來源：陳啟川先
　　生文教基金會提供）
下：慶應義塾大學接力團隊（二），陳啟
　　川（右一）。（資料來源：陳啟川先
　　生文教基金會提供）

---

[89] 據張星賢自述，他曾在1931年明治神宮大會400公尺跨欄預賽中，以56秒8刷新
　　日本紀錄。不過，這紀錄僅保持不久，在決賽時又被明治大學的陸口正一以56
　　秒整更新日本紀錄。上述之事蹟，請參考張星賢，《慾望、理想、人生——談
　　我五十餘年的運動生涯》，37-38；山本邦夫，《日本陸上競技史》，214。

上：1920年第七屆奧運會預選賽會
　　場，嘉納治五郎（右）。（資
　　料來源：陳啟川先生文教基金
　　會提供）
下：1920年第七屆奧運會預選賽選
　　手競賽情況。（資料來源：陳
　　啟川先生文教基金會提供）

❖鍛鍊成鐵人：極東競技大會的拼搏

　　歷經激烈的兩次奧運會預選賽過後，慶應義塾大學主力選手廣兼篤郎、芝川龜太郎、室井孫三郎、橫山通夫、吳大介、陳啟川等人組成全白俱樂部（all white club），在1920年溫度高達38.3度的酷夏，前往北海道遠征，和全北海道與全樺太組成的精銳聯軍在札幌進行競技，並於賽後進行兩週的北海道深度旅遊，以緩解長期處於競賽高壓力的狀況。

　　1920年11月2-3日，東京駒場運動場舉行「第二屆全國專門學校聯合競技會（又稱關東I・C）」，陳啟川於本次賽會個人競技項目勇奪標槍第二名成績38公尺50、跳遠第三名成績5公尺98、五項全能運動（日文原文為「五種競技」）[90]第三名成績282分，800公尺接力則是以1分37秒8奪得第二名。[91]就目前可查閱的文獻而言，這是陳啟川轉戰全能運動後首見的資料，至於為何轉戰全能項目，這可能與擅長跑、跳、投，且均有相當水準的成績表現有著密不可分的關係。

　　接著再深入分析本次的參賽記錄，並與「全島陸上競技

---

[90] 五項全能運動的比賽項目有：跳遠、鉛球、220碼、鐵餅、1哩。五項全能運動為第一至第十屆極東競技大會的正式項目，自六屆起將鉛球項目取消，改置換為標槍項目。五項全能運動亦曾經是第五屆1912年、第七屆1920年、第八屆1924年奧運會正式項目。請參閱吳文忠，《體育史》，400-405。山本邦夫，《日本陸上競技史》，415-476。

[91] 慶應義塾體育會競技部75周年記念事業實行委員會，《75周年記念慶應義塾體育會競走部史》，25。

選手全大會」進行比較過後可
得知，以當時陳啟川的競賽成
績來看，在標槍方面的成績，
可在第一至第三屆奪冠，直到
1923年才被北一中的藤岡保夫
超越；在跳遠方面的成績，可
在第一至第五屆奪冠，到1925
年才被CAC的今井千尋超越；
800公尺接力方面的成績，可
在第一至第九屆奪冠，到1929
年才被臺中隊超越。[92]因此，
若要以「稱霸」來彰顯其與臺

▋ 陳啟川田徑練習留影。（資料來源：
陳啟川先生文教基金會提供）

灣地區選手間的程度差異，想必應該也不算太誇大。或許，也
因為陳啟川曾經擁有如此傲人的戰績，才會津津樂道提及個
人成績表現，凌駕當年臺灣紀錄之年輕回憶。[93]而在五項全能
運動方面，雖說同樣是優於臺灣競技水準表現，也可於1917年
「第三屆極東競技大會」中奪下前三名，但因比賽採點制度的
轉換，故較難深入比較，不過以他轉戰全能運動項目的決心與
毅力，以及時間點而言，不愧為是「臺灣第一位鐵人」。

---

[92] 有關日治時期臺灣體育協會主辦的「全島陸上競技選手權大會記錄」，請參閱
竹村豊俊，《臺灣體育》，252-258。
[93] 治喪委員會，〈陳啟川先生行述〉，234。

就在參加第二屆全國專門學校聯合競技會完成第一場鐵人賽事後，陳啟川旋即奉母命返臺，並於同年11月30日成婚，[94] 這隱約透露著日本留學生涯即將劃上句點，以及距離返臺協助家業，就此步入社會、離開田徑場的時間點越來越近。但是，此時在陳啟川的心中，似乎仍有一段未完成的海外征戰田徑夢想，等著他前去挑戰。

　　1921年5月30日至6月2日，預計於中國上海舉辦「第五屆極東競技大會」，日本這次的選拔與過往幾屆有所不同，在日本內地參加選拔的選手除須歷經第一次、第二次預選賽的考驗外，得再經選考會的評斷後，才能代表日本出征。而「臺灣體育協會」、「朝鮮體育協會」、「上海體育協會」則是在海外自行辦理預選會後，將競賽成績彙整交付選考會即可。基於此規定，日本內地共有十二個地區將分別於同年4月中旬至5月初舉行第一次預選賽。[95]

　　陳啟川所在的東京地區，則決定於4月23-24日，在東京駒場運動場舉行「第五屆上海極東競技大會第一次預選賽」。此次的競賽，陳啟川分別報名標槍、跳遠、五項全能運動、半哩接力，共四個項目，可謂是體力過人、勇氣可嘉，因為他必須於兩日的賽程內密集出賽，並在奪得前三名的佳績後，方能晉級下一輪選拔。從「陳啟川先生文教基金會」保存的「第五屆

---

[94] 周虎林，《山高水長——陳啟川先生紀念集》，324。
[95] 山本邦夫，《日本陸上競技史》，428-430。

極東競技大會第一次預選賽選手票」與《近代陸上競技史（中
卷）》的記載中可清楚得知，陳啟川的標槍成績為41公尺55、
五項全能運動成績為254分（跳遠5公尺9、鉛球8公尺75、220
碼26秒4、鐵餅23公尺18、1哩6分2秒8），且皆以獲得亞軍之
姿態通過第一次預選賽的試煉。[96]

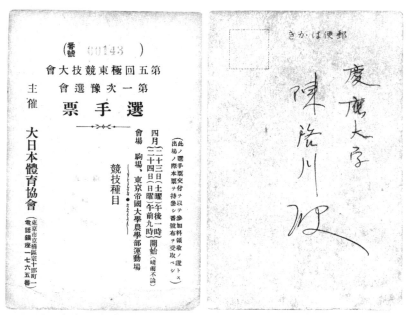

■ 1921年第五屆極東競技大會第一次預選賽陳啟川之選手證。（資料來源：陳啟川
先生文教基金會提供）

---

[96] 陳啟川先生文教基金會收藏之「1921年第五回極東競技大會陸上競技第一次豫
選會次第」。山本邦夫，《近代陸上競技史（中卷）》，1265-1266。

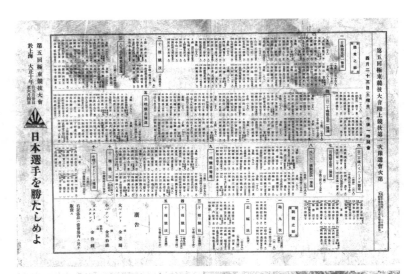

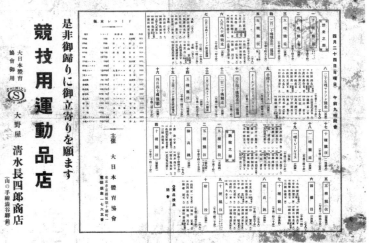

上：1921年第五屆上海極東競技大會第一次預選賽秩序冊正面。（資料來源：陳
　　啟川先生文教基金會提供）
下：1921年第五屆上海極東競技大會第一次預選賽秩序冊反面。（資料來源：陳
　　啟川先生文教基金會提供）

約莫二週過後，通過各地區第一次預選賽的選手有200餘名，將準備在5月7-8日於東京駒場運動場，參加「第五屆上海極東競技大會第二次預選賽」，但因賽前連續三日豪雨的影響，比賽順延一日於8-9日舉行。此次，陳啟川將預計於9日出賽標槍與五項全能運動兩個項目角逐前往上海的門票。[97]

遺憾的是，陳啟川在第二次預選賽最終又未能更上一層樓，且標槍項目未達前三名、五項全能運動項目未達前五名之故，因此無從查閱這兩項的成績記載，僅能從《近代陸上競技史（中卷）》所刊載的資料中，推斷出陳啟川在標槍項目方面似乎表現失常，未能達第一次預選賽的水準，不幸跌出前三名之外。[98]

但慶幸的是，若透過陳啟川親筆在「田徑競技第二次預選賽大會手冊（日文原文為《陸上競技第二次豫選會プログラム》）」中「五項全能運動計分表」謄寫的成績記錄，或許多少可以還原當時五項全能運動比賽的情景。當日競賽情景如下：

> 9日上午10點，陳啟川在跳遠項目中取得85分的佳績，僅略遜於鴻澤吾老7分，暫居第二；10點25分，在鉛球項目中取得44分，二項共計129分，被慶應義塾大學益田弘超越，暫居第三；11點5分，在220碼項目中稱霸

[97] 山本邦夫，《日本陸上競技史》，428。

[98] 「第五屆上海極東競技大會第二次預選賽」標槍項目前三名成績為：第一名益田弘45.55公尺、第二名淺岡信夫42.48公尺、第三名吉丸美德40.25公尺。請參閱山本邦夫，《近代陸上競技史（中卷）》，1278。

群雄奪得38分，三項共計167分，仍以一分之差暫居第
三；11點40分，在鐵餅項目中僅獲得44分，四項共計
211分，領先第四名早稻田大學的大塚正男17分。[99]

無奈的是，這份由陳啟川所親筆登錄的成績記載，並無抄錄13
點40分進行的第五項1哩競賽的成績，再加上《近代陸上競技
史（中卷）》有明確記載鴻擇吾老、益田弘、大塚正男、長田
博、上野德太郎五位參賽選手的成績總表，因此可得知陳啟川
並未完成第五項1哩競賽，最終於五項全能運動項目中棄賽，
至於為何棄賽，則是無從得知。

▍1921年第五屆上海極東競技大會第二次預選賽陳啟川之選手證。
（資料來源：陳啟川先生文教基金會提供）

---

[99] 有關陳啟川親筆謄寫之「五項全能運動計分表」，請參閱圖35。

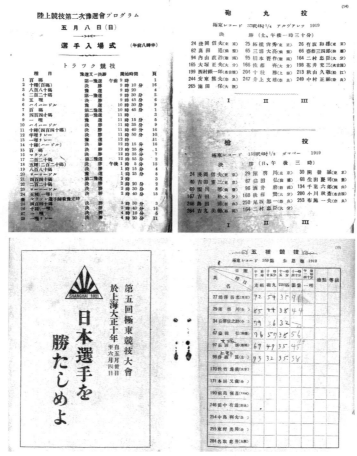

上左：1921年第五屆上海極東競技大會第二次預選賽5月8日（順延至9日）
　　　賽程。（資料來源：陳啟川先生文教基金會提供）
上右：1921年第五屆上海極東競技大會第二次預選賽標槍出賽名單。（資
　　　料來源：陳啟川先生文教基金會提供）
下　：陳啟川親筆在第五屆上海極東競技大會第二次預選賽秩序冊中「五
　　　項全能運動計分表」謄寫的成績記錄。（資料來源：陳啟川先生文
　　　教基金會提供）

歸結上述，陳啟川雖終究未能突破第二次預選賽的關卡，無法代表日本征戰前往上海征戰第五屆極東競技大會，但他以過人的體力，與跑、跳、擲兼具之成績，選擇轉戰五項全能運動，在田徑場上與日本內地人拼搏的精神，實在讓人感佩，不失為是臺灣全能運動競技選手的大前輩。然而，正當陳啟川在田徑運動方面逐漸攀上高峰，決心繼續朝1924年第八屆巴黎奧運會挑戰時，卻遭遇到家中的阻撓，據陳田圃表示：

> 我父親正當100公尺成績進步至11秒整左右，還想再挑戰奧運會時，家族觀念卻認為，既然是前往日本讀書，跑去從事體育運動，是為不務正業，再加上同父異母的長兄（陳啟峰）向陳中和表示留學慶應義塾應以課業為重，不應該參與跑步或是運動競技大會。[100]

　　因此，陳啟川於23歲時不得不放下在田徑方面辛勤練習的成就，僅能無奈地高掛釘鞋離開日本田徑場的跑道，正式結束日本留學生活，為自己曾經在運動場上技壓日本人、令日本學生望塵莫及，以及曾刷新日本400公尺接力紀錄的傳奇田徑生涯劃下休止符，並且失去再次挑戰參加奧運會的機會，空留「奧運夢」。

---

[100] 陳田圃，面訪，陳啟川先生文教基金會，2017年5月18日。訪問人為金湘斌，國立高雄師範大學體育學系副教授。

最後，雖說陳啟川於1922年後已無正規從事田徑訓練，但由於自身對田徑運動的熱愛、執著，偶爾仍會帶著玩心報名田賽項目，舉例來說：1922年9月23-24日，「第四屆全國專門學校聯合競技會」，他曾返回東京再次披上慶應義塾大學的戰袍參加立定跳高項目，並以1公尺225之成績坐收第二名；[101] 1922年於香港大學留學期間，亦曾參加「全港華人第二屆運動大會」，並在鉛球項目中力壓群雄，奪得冠軍。[102]

▌陳啟川代表慶應義塾大學參加接力之衝線英姿。（資料來源：陳啟川先生文教基金會提供）

---

[101] 山本邦夫，《近代陸上競技史（中卷）》，1517。
[102] 陳啟川先生文教基金會收藏之「1922年全港華人第二屆運動大會擲鉛球冠軍盃」。

SHANGHAI 1921

第五回極東競技大會
於上海大正十年 自五月卅日
至六月四日

日本選手を
勝たしめよ

五 種 競 技

極東レコード 359點　朱恩德 1919

氏名 ＼ 種目	日曜 午前十時 走幅	十時廿五分 砲丸	十一時五分 220碼	十一時四十分 圓盤	午後一時四十分 一哩	總點	等級
27 鴻澤 吾老（東京）	72	54	35	71			
29 陳 啓 川（全 ）	65	44	38	44			
34 長澤信之助（全 ）	79	56	32				
67 益田 弘（仙臺）	76	57	38	56			
97 大塚 長田 博（新潟）	67	49	35	45			
98 上野 藤森 篤（全 ）	73	32	35	38			
170 佐竹 爲義（大分）							
171 本田 又藏（全 ）							
190 前島 強彦（名古屋）							
246 田中 有道（奈良）							
254 中島 利夫（全 ）							
255 東野 美周（全 ）							
284 名取 吏男（大阪）							

結語

首先，從回顧臺灣田徑運動發展的歷程可知，由於臺灣田徑運動競技的舉辦，相較日本內地發展遲緩的關係，直至1920年才朝向組織化與定期舉辦賽事的方向發展，於同年10月21日開辦「第一屆全島陸上競技大會」，正式揭開臺灣人參與田徑運動競技的歷史新頁。但出乎意料的是，在此之前陳啟川即透過留學日本內地的管道，跳脫傳統路徑代表慶應義塾於日本全國級的田徑賽事中登場，甚至試圖挑戰進軍奧運會的殿堂。暫時姑且不論運動競技成績的好壞，但從此事例可得知，這已打破以往對日治時期臺灣田徑運動史單向發展的思維模式（透過「臺灣體育協會」至「大日本體育協會」的路徑），而這種透過留學砥礪運動技能，直接向殖民母國擷取運動知識，且又類似旅外選手逕行跳級挑戰海外聯盟的案例，當然也印證出近代體育運動在傳播路徑上的多種可能性，甚至點出研究日治時期臺灣體育運動史時，長期忽略深入檢討赴日留學生運動經驗的盲點。

　　其次，綜觀陳啟川如同日本櫻花短暫盛開綻放的田徑生涯，他於1918年嶄露頭角時，慶應競走部才剛成立一年左右，這時期恰好是日本內地掀起田徑運動熱潮的初始點，在追趕上這股風潮的同時，他便以絕佳的天分在「第六屆全國陸上競技大會」中登場，奪得中等學校組接力項目的第三名。

　　1919年時，又在「第一屆全國中等學校選手權大會」、「第二屆全國中等學校選手權大會」中，橫跨田賽與徑賽兩個

領域，以萬夫莫敵之姿態在運動場上技壓日本選手，一人勇奪8金5銀1銅，揚名於日本田徑界，搏得「運動界明星」之封號，可謂是相當活躍。此後，陳啟川不僅成為慶應義塾不可或缺的主將外，他更將練習重心轉移至以挑戰奧運會的比賽項目為主。

1920年4月，陳啟川在挑戰、角逐第七屆奧運會入場券的過程中，很可惜的在個人標槍項目僅晉級至「第二次預選賽」，但是我們仍可在400公尺接力賽道上，找尋到陳啟川奮力拚搏的身影，不僅突破重圍與慶應義塾的隊友們一同奪得冠軍外，更以優異的成績刷新日本紀錄，留名於《日本陸上競技史》冊之中，雖未能有機會踏上奧運會的征途但就其耀眼的成就，已然實屬不易，是為「臺灣首位參加奧運會預選賽的運動員」。

同年11月，陳啟川以擅長跑、跳、擲之姿態，正式轉戰五項全能運動項目，在「第二屆全國專門學校聯合競技會」中大放異彩，各項運動成績幾乎皆凌駕當年的臺灣紀錄。1921年5月，陳啟川再次挑戰赴海外征戰的機會，然因密集出賽之故，未能順利擠進五項全能運動項目前三名，最終與「第五屆上海極東競技大會」擦身而過，並於不久之後退出田徑跑道，高掛釘鞋。但是，他以過人體力拼博的精神，著實令人感佩，「臺灣第一位鐵人」之稱號，可謂是當之無愧。

再者，運動競技場上的公平競爭，本身即是反應物競天擇、適者生存、弱肉強食的赤裸事實。1920年代，當日本殖民

地臺灣出身的陳啟川，在運動場上技壓日本人贏得民族自尊的同時，卻被日本殖民統治者擅指他擁有「臺灣原住民族」優異的身體素質，並以一種再現被殖民者異己身體的操作手法，間接影射被殖民者的文化低落，掩飾輸給被殖民者的事實。

　　姑且不論，陳啟川當下是否有著藉由「運動做為抵抗」的意圖，[103]或者是跟張星賢一樣有著「好！我要贏過在臺灣的所有日本人，做一個全日本的代表選手，去參加世運會（奧運會）……引起我對運動的強烈意識，想在運動場上打倒日本人。」[104]的想法，因為這個論述仍有待日後新史料的發掘和持續研究。但可以確定的是，做為近代運動項目之一的田徑，在歷經飄洋過海傳播、實施於臺灣的不久過後，讓殖民地的臺灣籍運動員體認到，在這個運動競爭的新場域中，似乎出現了一個可以從中構建民族自信的一種新途徑，使得原本單純以身體能力進行較量的運動競技賽，成為殖民者與被殖民者相互較勁的空間，並為被殖民者在面對不平等待遇的情況下，提供可捍

---

[103] 出身於日治時期的臺灣棒球名將黃丙丁曾提及：「運動上就沒有分別了……跑一百公尺輸了就是輸了，那有甚麼辦法不公平，不能看你是日本人就不一樣，所以打球的時候，就都是公平的。」另外，張星賢曾將田徑場視為可以「打倒日本人」的場域，這樣的想法似乎與陳啟川不謀而合。然而，為何1920年代的陳啟川與1930年代的張星賢在田徑場上技壓日本殖民統治者時，都會有如此相同的想法，則有待日後深入持續研究。以上文獻請參閱，謝仕淵，《「國球」誕生前記：日治時期臺灣棒球史》（臺南：臺灣史博館，2012）。林玫君，〈身體的競逐與身份的游移——臺灣首位奧運選手張星賢的身份認同之形塑與其糾葛〉。

[104] 張星賢，《慾望、理想、人生——談我五十餘年的運動生涯》，27。

衛民族自尊的舞台。因此，激勵著臺灣籍運動員高兩貴、高何土、張星賢等人，辛勤地從事田徑訓練試圖與日本殖民者較勁的情形，相信這不外乎反映出被殖民者的逆襲競爭心態。

最後，處於日治時期的臺籍運動員陳啟川，雖在嘗試挑戰的過程中止於第二輪，未能在1920年踏上前往奧運會的征途，但100年前他的奧運夢，與其以標槍擲向天空的瞬間與在賽道上奔跑的身影，已然為日後的臺灣人開啟航向奧運會舞台的新路徑。

テ之ヲ記録原簿ニ登録ス仍テ

永ク其ノ名譽ヲ表彰セムガ為ニ

茲ニ記録章ヲ授與ス

大正九年五月二日

大日本體育協會々長 嘉納治五郎

第一一五號　優秀記錄證

氏名　陳啓川

競技會名　第七回國際オリンピック大會選手隊選會

競技場　駒場東京帝國大學農學部競技場

月日　大正九年四月二十五日

競技種目　四百米リレーレース

成績　四十七秒五分二

附錄

❖憶父親田徑場上的身影

陳田圃

　　對父親存有較深刻的記憶約莫是在我六歲左右，也就是1950年以後的事情。那時候父親已從學校畢業多年，且距離學生時代甚遠，時常忙碌於經營事業，僅能在閒暇之餘從事高爾夫球、打獵、攝影等休閒活動。當然，亦會抽空帶家人一同旅遊、游泳、運動等。儘管未曾親眼觀看到父親在田徑場上快速馳騁的身影，但自小不時聽他提及自己曾在日治時期參加田徑賽，以及技壓日本人的精彩故事，其瀟灑帥氣迷人的模樣，也彷彿歷歷在目，難以忘卻。

　　在日本統治臺灣的那個年代，只要提及田徑運動，幾乎無人不曉「陳啟川」在日本征戰各田徑賽的豐功偉業。特別是每當有日本友人和棒球隊來訪，或是相關訪問團來臺從事交流活動，與父親齊聚一堂閒聊起過往時，幾乎皆會說到以前學生時代在田徑場上跑、跳、投擲等競爭激烈的事情，甚至連前日本首相岸信介與前行政院長何應欽將軍拜訪父親時，也會時常談起這些過往從事田徑訓練、比賽的甘苦談。有時候在家與家人間的閒聊，亦不時提起當年英勇的慓悍戰蹟，其中最令我印象深刻的是，父親曾驕傲的說到：「他代表慶應義塾大學參加全國等級的田徑賽中，一舉獲得100公尺、200公尺、400公

尺、400公尺接力四項冠軍，號稱三又四分之一金牌的年少過往。」與其在日本田徑場上闖出屬於他的田徑傳奇生涯。

有趣的是，因為家父皮膚黝黑、身材健壯，時常被日本人當作他是來自於臺灣的原住民族，而且往往在田徑場上跑贏、或跳贏日本人時，日本人又會以譏笑又歧視的口吻，抱怨他前來參加比賽是不公平的！但是，父親——陳啟川他天生有著不服輸的個性，遇到困難絕不輕言放棄，大都會咬緊牙關努力練習。所以，每當他說起在田徑場上如何戰勝日本人勇奪金牌，以及贏得日本人對他滿載尊敬與獲封「運動界秀才」、「運動界明星」的時候，其眼神不僅炯炯有神，臉上更是流露驕傲的神情。

當父親自運動場上退役，其實內心中仍不時關注臺灣運動選手的表現，故只要有聽聞選手經費短缺時，他肯定是義不容辭贊助參賽費用，就如同書中提及他曾資助林月雲，甚至於1931年親赴日本東京神宮競技場觀賽，為她與臺灣隊加油打氣。

此外，因為父親熱衷運動休閒活動，故約在1932年起開始改從事高爾夫球運動，並自此栽入高爾夫球的世界，認真鑽研其道。不到兩年的時間內，便奪得淡水高爾夫球場錦標賽冠軍，成為首位將名牌高掛在淡水高爾夫球場榮譽榜上的臺灣人。接著，因對高爾夫球運動的熱愛，促使他為興建南臺灣第一座高爾夫球場而奔走，並長期資助陳金獅、呂良煥、陳清

波、謝敏男等人。不過,後來家父年紀漸長較沒有從事高爾夫球運動後,也就較與年輕一輩的選手疏遠。

　　父親進入日薄桑榆之時,經常感嘆提到:「人生中已有三個心願無法完成,一是到非洲進行打獵;二是至長江三峽一遊,畢竟當時正值臺灣戒嚴時期,兩岸間情勢較為緊張,喜愛旅遊的他,苦無機會前往觀覽;三則是無法親身參加奧林匹克運動會。」就第一、第二個心願,我已繼承父親的遺願順利幫他完成夢想,但唯獨第三個心願無法替代父親,只能空留奧運夢。依稀記得,1960年當楊傳廣在第十七屆羅馬奧運會十項全能運動奪得銀牌,且在臺灣聲名大噪之際,曾在訓練之餘特地

▊ 陳田圃先生暢談陳啟川田徑事蹟。（資料來源:林承頡拍攝）

前來拜訪家父，談話間父親帶著有點感嘆的口吻講到：「自己原本是有機會去參加奧運會，但那時候因兄長（陳啟峰）不甚理解奧運會，且在其誤解下，導致父親（陳中和）無法諒解，並認為我在日本留學並沒有專注於課業，反倒是將時間都浪費在從事運動訓練上面，因此禁止我繼續從事田徑訓練，所以就這樣與參加奧運會的機會擦肩而過。」這個人生中的憾事，因已無法圓夢，故時至父親晚年，每當提起無法踏上奧運會這塊運動員的最高殿堂之際，仍總會感慨萬千，成為他輝煌豐碩人生中較為缺憾之處。

「萬般皆下品，唯有讀書高」是當時的社會風氣，故時常將從事運動與不務正業劃上等號，但以現今的社會觀點視之，相信這會壓縮年輕人的無限可能。感念父親因有深刻的體會，所以一直給予子女有相當大的自由揮灑空間，並不會侷限我們的未來發展。

2020年，恰好是家父——陳啟川腳穿釘鞋，手握標槍，試圖挑戰奧林匹克運動會的一百週年，最終雖未能如願踏上運動員的夢想舞台，但在日本殖民統治的年代中，已是首開先河，更為臺灣體育運動寫下歷史的新頁。

上：針對本書內容的進行校正與討論，左起為：陳田圃、宋一鴻、賴昱燕、筆者。
　　（資料來源：林承頡拍攝）
下：筆者（右）與陳田圃（左）合影。（資料來源：林承頡拍攝）

❖陳啟川生平略事一覽表

年代	年紀	內容
1899（明治32）年	1歲	・6月6日（農曆4月28日），陳啟川出生於苓雅寮舊宅（父：陳中和，母：劉玉）。 ・戶籍謄本載3月14日。
1912（大正01）年	14歲	・苓雅寮公學校畢業。 ・赴日留學，入東京慶應義塾就讀，前後共8年（普通部3年，商工部3年，大學2年）。
1918（大正07）年	20歲	參加「第六屆全國陸上競技大會」。
1919（大正08）年	21歲	・參加「第一屆全國中等學校選手權大會」，獲得五面金牌。 ・參加「第二屆全國中等學校選手權大會」，獲得三面金牌。 ・參加「第七屆全國陸上競技大會」。
1920（大正09）年	22歲	・參加「第七屆奧運會第預選賽」破日本全國紀錄。 ・參加「第二屆全國專門學校聯合競技會」。
1921（大正10）年	23歲	・參加「第五屆極東競技大會陸上競技預選賽」。 ・入香港大學商科。
1922（大正11）年	24歲	・出任「陳中和物產株式會社」董事兼烏樹林製鹽株式會社、新興製糖株式會社董事。 ・香港大學商科畢業。 ・參加「全港華人第二屆運動大會」。

年代	年紀	內容
1929（昭和04）年	31歲	・任株式會社興南新聞社董事。 ・任臺灣新民報社顧問。
1930（昭和05）年	32歲	8月8日，陳中和先生逝世，享年78歲。
1932（昭和07）年	34歲	12月25日，高雄州野口知事任命為高雄州第五屆協議員，任期2年。
1934（昭和09）年	36歲	・11月18日，奪得淡水高爾夫球場錦標賽冠軍，並於11月4日預賽的第二洞演出一桿進洞。 ・12月25日，高雄州西澤義知事任命為高雄州第六屆協議員，任期2年。
1945（民國34）年	47歲	10月25日，陳啟川以臺灣地區民間代表身分受邀參加日本戰敗受降典禮。
1946（民國35）年	48歲	當選第一屆臺灣省候補省參議員。
1947（民國36）年	49歲	1月1日，任彰化銀行董事。
1950（民國39）年	52歲	4月，任南和興產股份有限公司董事長。
1954（民國43）年	56歲	7月21日，高雄醫學院成立，先生被推選為第一屆董事會董事長。
1960（民國49）年	62歲	・4月24日，144,545票當選為高雄市第四屆市長。 ・6月2日，就職第四屆高雄市長。 ・市立體育館加蓋圓頂工程7月18日開工，11月30日完成。為當時臺灣地區唯一的室內體育場。
1964（民國53）年	67歲	4月26日，96,451票當選連任第五屆高雄市長。

年代	年紀	內容
1968（民國57）年	71歲	6月2日，第五屆市長任期屆滿，辦理移交。
1972（民國61）年	74歲	5月12日，任高雄醫學院第四屆董事長。
1976（民國65）年	78歲	2月3日起，擔任高雄醫學院第五屆至第十屆（至1990年）董事長。
1993（民國82）年	95歲	5月11日，因心肺功能衰竭，溘然長逝。

資料來源：山本邦夫，《日本陸上競技史》，東京：道和書院，1979。山本邦夫，《近代陸上競技史（上卷）》，東京：道和書院，1974。山本邦夫，《近代陸上競技史（中卷）》，東京：道和書院，1974。周虎林，〈山高水長──陳啟川紀念集〉，高雄：陳啟川先生文教基金會，1995。周虎林主編，〈陳啟川相關事蹟口述歷史〉，高雄：陳啟川先生文教基金會，2013。林進發，《臺灣官紳年鑑》，臺北：民眾公論社，1932。陳啟川先生文教基金會，《懷念老市長陳啟川暨基金會成立20週年紀念特刊》，高雄：作者，2000。興南新聞社，《臺灣人士鑑》，臺北：興南新聞社，1943。戴寶村，《陳中和家族史：從糖業貿易到政經世界》，臺北：玉山社，2008。慶應義塾體育會競技部75周年紀念事業實行委員會，《75周年紀念慶應義塾體育會競走部史》，東京：慶應陸上競技俱樂部，1994。

❖陳啟川田徑生涯參賽成績一覽表

日期	參加大會名稱	地點	參賽項目／名次／成績	備註
1918（大正7）年 10月5-6日	第一屆慶應競技會	三田綱町（東京）	・鐵餅／第一名／23m70	
1918（大正7）年 11月2-3日	第六屆全國陸上競技大會	芝浦運動場（東京）	・一般組100m預賽（G）／第二名／12秒2 ・中等學校組異程接力／第三名／3分56秒0	1. 日文原文為：メドレーリレー（medley relay）。 2. 各棒接力距離分別為：200m、400m、800m、200m。 3. 陳啟川擔任第二棒。
1918（大正7）年 11月9日	東京帝大運動會	御殿山運動場	中等學校組接力／第一名／2分50秒5	1. 距離未記載。 2. 陳啟川擔任第四棒。
1919（大正8）年 5月5日	第一屆全國中等學校選手權大會	本鄉東大運動場（東京）	・100m／第二名／不詳 ・200m／第一名／26秒0 ・鐵餅／第一名／23m47 ・鉛球／第一名／7m85 ・標槍／第一名／39m10 ・800mR／第一名／1分46秒	

日期	參加大會名稱	地點	參賽項目／名次／成績	備註
1919（大正8）年10月26日	第二屆全國中等學校選手權大會	駒場運動場（東京）	・100m／第三名／不詳 ・200m／第二名／不詳 ・鐵餅／第二名／不詳 ・鉛球／第一名／10m60 ・跳遠／第一名／5m60 ・三級跳遠／第一名／11m55 ・標槍／第二名／不詳 ・800mR／第二名／不詳	
1919（大正8）年11月8-9日	第七屆全國陸上競技大會	鳴尾運動場（大阪）	・一般組200m複賽（C）／第二名／不詳（由預賽D組第二名晉級） ・中等學校組100m／第三名／不詳（由預賽B組晉級）	
1920（大正9）年4月17日	第七屆奧運會第一次預選賽	駒場運動場（東京）	・標槍／第三名／39m00 ・400mR／第一名／48秒4	1. 標槍和400mR晉級第二次預選賽。 2. 陳啟川擔任第二棒。

日期	參加大會名稱	地點	參賽項目／名次／成績	備註
1920（大正9）年4月24-25日	第七屆奧運會第二次預選賽	駒場運動場（東京）	400mR／第一名／47秒4	1. 創日本新紀錄，原紀錄為日本東京帝國大學於1913年11月2日第一屆全國陸上競技大會所創。 2. 陳啟川擔任第二棒。
1920（大正9）年11月2-3日	第二屆全國專門學校聯合競技會	駒場運動場（東京）	・跳遠／第三名／5m98 ・標槍／第二名／38m50 ・800mR／第二名／1分37秒8 ・五項全能運動／第三名／282分（跳遠5m90、鉛球8m75、220碼26秒4、鐵餅23m18、1英哩6分2秒08）	陳啟川擔任第三棒。
1921（大正10）年4月23-24日	第五屆極東競技大會陸上競技第一次預選賽	駒場運動場（東京）	・跳遠／不詳／不詳 ・半哩接力／不詳／不詳 ・標槍／第二名／41m55 ・五項全能運動／第二名／254分	◎23日賽程 1. 跳遠比賽時間為14:00。 2. 半哩接力比賽時間為16:45。 ◎24日賽程 1. 五項全能運動的項目與比賽時間為：跳遠（10:00）、鉛球（10:25）、鐵餅（11:40）、220碼（11:55）、1哩（13:35）。 2. 標槍比賽時間為14:40。

日期	參加大會名稱	地點	參賽項目／名次／成績	備註
1921（大正10）年5月8-9日（原訂7-8日舉行，因雨延後一日舉行）	第五屆極東競技大會陸上競技第二次預選賽	駒場運動場（東京）	・五項全能運動／未完賽。 ・標槍／不詳／不詳。	◎9日賽程 1. 五項全能運動的項目與比賽時間為：跳遠（10:00）、鉛球（10:25）、220碼（11:05）、鐵餅（11:40）、1哩（13:40）。 2. 標槍比賽時間為15:00。 3. 五項全能運動截至第四項總分為211分，暫時排名第三名。但因1英哩棄賽，最後未完成五項全能運動。
1921（大正10）年11月13-14日	第三屆全國專門學校聯合競技會	駒場運動場（東京）	800mR／第三名／不詳	陳啟川擔任第三棒。
1922（大正11）年9月23-24日	第四屆全國專門學校聯合競技會	駒場運動場（東京）	立定跳高／第二名／1m255	
1922（民國11）年	全港華人第二屆運動大會	不詳（香港）	鉛球／第一名／不詳	

備註：

1. 有關日本早期的田徑參賽成績記錄而言，大多僅記錄至前三為止，故本表僅能就目前可蒐羅的史料，予以分類整理，必然有所缺失。至於是否有參與其他賽事，以及參賽成績為何，則有待進一步深入考證。

2. 一哩等於1.609公里；一碼等於0.9144公尺。

資料來源：1920年優秀記錄證（陳啟川文物，陳啟川先生文教基金會藏）。
1921年第五回極東競技大會第一次豫選會選手票（陳啟川文物，
陳啟川先生文教基金會藏）。1921年第五回極東競技大會陸上
競技第一次豫選會次第（陳啟川文物，陳啟川先生文教基金會
藏）。1921年第五回極東競技大會第二次豫選會選手票（陳啟川
文物，陳啟川先生文教基金會藏）。1921年陸上競技第二次豫選
會プログラム（陳啟川文物，陳啟川先生文教基金會藏）。山本
邦夫，《日本陸上競技史》，東京：道和書院，1979。山本邦夫，
《近代陸上競技史（上卷）》，東京：道和書院，1974。山本邦
夫，《近代陸上競技史（中卷）》，東京：道和書院，1974。慶
應義塾體育會競技部75周年記念事業實行委員會，《75周年記念慶
應義塾體育會競走部史》，東京：慶應陸上競技俱樂部，1994。

❖陳啟川田徑生涯相關照片及文物

▌慶應商工田徑隊友合影，陳啟川（右一）。（資料來源：陳啟川先生文
教基金會提供）

▍慶應商工接力隊合影，陳啟川（前右一）。（資料來源：陳啟川先生文教基金會提
　供。）

▋ 慶應商工田徑隊隊友合影，陳啟川（前排中間）。（資料來源：陳啟川先生文教基金
　會提供）

▌慶應商工接力隊練習合影，陳啟川（左二）。（資料來源：陳啟川先生文教基金會提供）

▌慶應商工接力隊賽前合影，陳啟川（左二）。（資料來源：陳啟川先生文教基金會
提供）

▎1919年慶應商工接力隊獲勝後繞場，陳啟川（右二）。（資料來源：陳啟川先生
文教基金會提供）

▌1920年第七屆奧運會預選賽終點。（資料來源：陳啟川先生文教基金會提供）

▍1920年第七屆奧運會預選賽撐竿跳高。（資料來源：陳啟川先生文教基金會提供）

▌1920年第七屆奧運會預選賽100公尺起跑。（資料來源：陳啟川先生文教基金會提供）

▌1920年第七屆奧運會預選賽貴賓席，嘉納治五郎（左一）。（資料來源：陳啟川
先生文教基金會提供）

▋ 陳啟川與慶應義塾大學優勝旗。（資料來源：陳啟川先生文教基金會
  提供）

慶應義塾大學田徑隊員一同慶賀獲得優勝聚餐合影，陳啟川（前左二）。（資料來源：陳啟川先生文教基金會提供）

▌1922年陳啟川參加全港華人第二屆運動大會鉛球冠軍獎盃（左）。（資料來源：
陳啟川先生文教基金會提供）

▌1931年明治神宮體育大會，陳啟川（後右一）與昔日田徑好友。（資料來源：陳
啟川先生文教基金會提供）

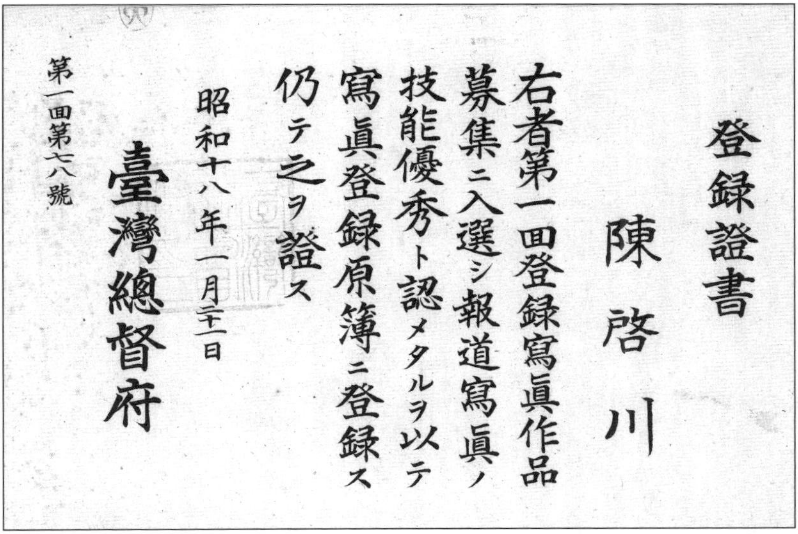

登錄證書

陳 啓 川

右者第一回登錄寫眞作品
募集ニ入選シ報道寫眞ノ
技能優秀ト認メタルヲ以テ
寫眞登錄原簿ニ登錄ス
仍テ之ヲ證ス

昭和十八年一月二十日

臺灣總督府

第一回第六八號

1943年1月陳啟川攝影作品獲刊於「第一屆登錄寫真作品募集」。（資料來源：陳
啟川先生文教基金會提供）

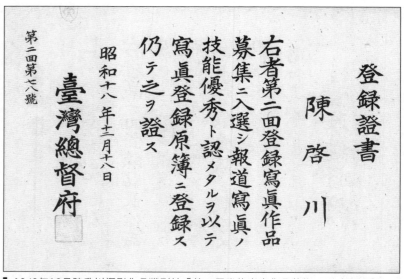

登録證書

陳 啓 川

右者第二回登録寫眞作品
募集ニ入選シ報道寫眞ノ
技能優秀ト認メタルヲ以テ
寫眞登録原簿ニ登録ス
仍テ之ヲ證ス

昭和十八年十二月十八日

臺灣總督府

第二四第七八號

▌1943年12月陳啟川攝影作品獲刊於「第二屆登錄寫真作品募集」。（資料來源：
陳啟川先生文教基金會提供）

▋陳啟川駕車兜風。（資料來源：陳啟川先生文教基金會提供）

▌ 陳啟川與愛車合影。（資料來源：陳啟川先生文教基金會提供）

▋陳啟川與友人一同前往狩獵留影。（資料來源：陳啟川先生文教基金會提供）

▍陳啟川偕友人與美軍顧問團一同前往狩獵留影。（資料來源：陳啟川先生文教基金會提供）

▌陳啟川與家人一同游泳留影。（資料來源：陳啟川先生文教基金會提供）

參考文獻

〈打狗通信公校運動〉，《臺灣日日新報》，1910.11.30，03版。

〈全日本豫選會に蕭氏織孃も出場〉，《臺灣日日新報》，1932.05.14，07版。

〈李延澤氏〉，《臺灣日日新報》，1925.10.12，02版。

〈初めて臺灣標準に達した　百米突決勝戰　名譽ある竹中氏〉，《臺灣日日新報》，1920.06.28，05版。

〈林、蕭兩代表の豫選入選は確實〉，《臺灣日日新報》，1932.05.22，02版。

〈林、蕭兩孃歸る〉，《臺灣日日新報》，1932.06.06，07版。

〈近藤箕輪兩選手指導下に　陸上競技團生る　二葉俱樂部と命名〉，《臺灣日日新報》，1920.06.30，07版。

〈附屬學校聯合運動會〉，《臺灣新報》，1897.11.25。

〈宮殿下の御台臨を仰ぐ晴れの舞臺に技を競ふ南國の健兒〉，《臺灣日日新報》，1920.10.22，07版。

〈國際競技豫選大會〉，《臺灣日日新報》，1920.04.26，05版。

〈第一第二附屬學校生徒合併運動會〉，《臺灣日日新報》，1898.12.10，02版。

〈無名『の北星』堂々と優勝　霸者鐵團の堅陣遂に破る　三線道路リレー〉，《臺灣日日新》，1929.04.30，02版。

〈極東オリンピツク會出場　臺灣代表選手決定　二十日信濃丸にて出發〉，《臺灣日日新報》，1921.05.15，07版。

〈臺南の野に陸上競技大會：二葉會選手南下〉，《臺灣日日新報》，1921.02.25，07版。

〈臺灣標準記錄〉，《臺灣日日新報》，1920.06.27，07版。

〈體育と社交機關に：ゴルフリンクが必要〉，《高雄新報》，1941.04.20，05版。

〈體育俱樂部運動部小會〉，《臺灣日日新報》，1903.12.05，05版。

山本邦夫，《日本陸上競技史》，東京：道和書院，1979。

山本邦夫，《近代陸上競技史（上卷）》，東京：道和書院，1974。

山本邦夫，《近代陸上競技史（中卷）》，東京：道和書院，1974。

中村敏雄，《スポーツナショナリズム》，東京：大修館書店，1978。

今村嘉雄，《新修体育大辞書》，東京：不昧堂，1976。

水野忠文、木下秀明、渡邊融、木村吉次，《體育史概說》，東京：杏林書院，1992。

王成聖，〈臺灣奇人陳啟川〉，《中外雜誌》，54.1（臺北，1993.07）：16-20。

本田茂吉，〈在職当時の感想叢談〉，《創立滿三十年記念誌》，小野正雄主編（臺北：第三高等女學校同窓會學友會，1928），319-323。

永田重隆，《臺灣體育之理論及實際研究》，臺北：臺美堂，1927。

竹村豐俊，〈臺灣の陸上競技界〉，《臺灣時報》，（臺北，1933.04）：130-135。

竹村豐俊，《臺灣體育史》，臺北：財團法人臺灣體育協會，1933。

吳文忠，《體育史》，臺北：正中書局，1985。

吳文星，《日治時期臺灣的社會領導階層》，臺北：五南，2008。

周虎林，《山高水長──陳啟川紀念集》，高雄：陳啟川先生文教基金會，1995。

周虎林，《陳啟川相關事蹟口述歷史》，高雄：陳啟川先生文教基金會，2013。

東方孝義，《臺灣習俗》，臺北：同人研究會，1943。

林文龍，《百年風華：臺灣五大家族特展圖錄：高雄陳家》，南投：臺灣文獻館，2011。

林宋以情，〈鄭兆村鑽石賽標槍摘金──我史上第一人〉，《聯合報》，

2019.08.18。

林玫君，〈身體的競逐與身份的游移──臺灣首位奧運選手張星賢的身份認同之形塑與其糾葛〉，《思與言》，47.1（臺北，2009.03）：127-214。

林進發，《臺灣官紳年鑑》，臺北：民眾公論社，1932。

治喪委員會，〈陳啟川行述〉，《國史館館刊》，15（臺北，1993.12）：234-237。

金湘斌，〈全島陸上競技大會〉，《臺灣學通訊》，77（臺北，2013.09）：16-17。

金湘斌，〈陳啟川的田徑生涯（1918-1921年）──首位參加奧運會預選賽的臺灣運動員〉，《運動文化研究》，31（臺北，2017.09）：7-45。

金湘斌、徐元民，〈臺灣女性運動員的先驅──林月雲〉，《臺灣體育百年人物誌》，張素珠編，臺北：臺灣身體文化學會，2009，90-127。

長昇文化事業有限公司，《高雄高爾夫球俱樂部50週年紀念特刊》，高雄：高雄高爾夫球俱樂部，2011。

株式會社臺灣新聞社，《臺灣實業名鑑》，臺中：株式會社臺灣新聞社，1935。

張星賢，《慾望、理想、人生──談我五十餘年的運動生涯》，臺北：中華民國田徑協會，1981。

章子惠，《臺灣時人誌》，臺北：國光出版社，1947。

許雪姬，〈去奴化、趨祖國化下的書寫──以戰後臺灣人物傳為例〉，《師大臺灣史學報》，4（臺北，2011.09）：3-65。

陳柔縉，《臺灣西方文明初體驗》，臺北：麥田出版，2011。

陳啟川先生文教基金會，《懷念老市長陳啟川暨基金會成立20週年紀念特刊》，高雄：陳啟川先生文教基金會，2000。

新使者雜誌，〈日治時期北部教會三年運動的舵手──蕭樂善牧師〉，<http://newmsgr.pct.org.tw/Magazine.aspx?strTID=1&strISID=134&strMAGID=M2013022203257>，2019.09.10檢索。

雷寅雄，《高何土先生與臺灣田徑》，臺北：中華民國田徑協會，1992。

臺北師範學校附屬小學校正榕會，《小公學校教材陸上競技精說》，臺北：

臺灣子供世界社，1924。

臺灣日日新報社，《臺灣ゴルフ俱樂部二十年史》，臺北：臺灣日日新報社，1938。

臺灣新民報社，《臺灣人士鑑（日刊一週年版）》，臺北：臺灣新民報社，1934。

臺灣新民報社，《臺灣人士鑑》，臺北：臺灣新民報社，1937。

臺灣總督府，《學校體操教授要目》，臺北：臺灣總督府，1927。

臺灣總督府官房統計課，《臺灣各種學校生徒及兒童發育統計（明治四十三年四月調查）》，臺北：臺灣總督府，1913。

慶應義塾體育會競技部75周年記念事業實行委員會，《75周年記念慶應義塾體育會競走部史》，東京：慶應陸上競技俱樂部，1994。

慶應義塾體育會競走部，〈塾記錄〉，<http://keio-tf.org>，2020.03.10檢索。

蔡禎雄，《日據時代臺灣初等學校體育發展史》，臺北：師大書苑，1997。

鄭國銘，〈日治時期臺灣社會體育組織及其運作的歷史考察〉，臺北：國立臺灣師範大學體育學系博士論文，2009。

興南新聞社，《臺灣人士鑑》，臺北：興南新聞社，1943。

戴寶村，《陳中和家族史：從糖業貿易到政經世界》，臺北：玉山社，2008。

蘇文魁，〈羅虔益和他的八角塔〉，<http://http://www.laijohn.com/archives/pm/Dowie,K/brief/Sou,Bkhoe/1.htm>，2020.02.10檢索。

謝仕淵，〈身體與近代國家——以日治初期（1895-1898）國語學校附屬學校與國語傳習所體操為例〉，《運動文化研究》，4（臺北，2008.03）：59-85。

謝仕淵，《「國球」誕生前記：日治時期臺灣棒球史》，臺南：臺灣史博館，2012。

織田幹雄，《陸上競技百年》，東京：時事通信社，1976。

Guttmann, Allen, *Games and Empires: Modern Sports and Cultural Imperialism*, New York: Columbia University Press, 1994.

出版後記

　　本書得以順利出版，首先要感謝陳啟川先生文教基金會的支持，其次，也要向多年來在從事臺灣體育運動史生涯中對我有諸多提攜教誨的師長與好友們致謝，才得以讓此研究獲得些許成果。

　　本書在蒐集、整理、編輯等過程中，謝謝陳啟川先生文教基金會宋一鴻先生不厭其煩聆聽我的問題，並熱心協助翻閱尋找館藏文物和照片；而在高雄師大體育運動史研究室裡苦讀的張原豪、賴昱燕、林承頡等學生們，則是幫忙彙整訪談資料、掃描照片圖檔，有時候甚至還必須忍受我的脾氣與傾聽我胡亂的想法，在此由衷感謝。

　　當然，一直在背後默默支持我的父母、佳青、澤凜、澤澄，亦是我前進的原動力。在本書即將出版前，孩子們常常問我：「爸爸為什麼要常常去研究室啊！研究室裡有玩具嗎？研究跑步的歷史很好玩嗎？今天會回來嗎？」等問題，雖然我時常苦笑回答去一下下就回，腦海也曾浮現要如何對她／他們解釋臺灣體育運動史的畫面，但話到講邊還是止住往回吞。期待有朝一日，當她／他們長大後，能有機會對她／他們述說這段

有關100年前臺灣人挑戰奧運會的故事。

　　最後，本書改寫自2017年刊載於《運動文化》的〈陳啟川的田徑生涯（1918-1921年）──首位參加奧運會預選賽的臺灣運動員〉及2019年刊載於《臺灣體育百年人物誌第14輯》的〈臺灣首位試圖挑戰奧運會的先驅──陳啟川〉兩篇文章，在此也一併向臺灣身體文化學會致謝。

史地傳記類　PC0883　讀歷史111

日本時代臺灣運動員的奧運夢
——陳啟川的初挑戰

作　　者 / 金湘斌
責任編輯 / 杜國維
圖文排版 / 莊皓云
封面設計 / 劉肇昇

發 行 人 / 宋政坤
法律顧問 / 毛國樑　律師
出版發行 / 秀威資訊科技股份有限公司
　　　　　114台北市內湖區瑞光路76巷65號1樓
　　　　　電話：+886-2-2796-3638　傳真：+886-2-2796-1377
　　　　　http://www.showwe.com.tw
劃撥帳號 / 19563868　戶名：秀威資訊科技股份有限公司
　　　　　讀者服務信箱：service@showwe.com.tw
展售門市 / 國家書店（松江門市）
　　　　　104台北市中山區松江路209號1樓
　　　　　電話：+886-2-2518-0207　傳真：+886-2-2518-0778
網路訂購 / 秀威網路書店：https://store.showwe.tw
　　　　　國家網路書店：https://www.govbooks.com.tw

2020年9月　BOD一版
定價：250元
版權所有　翻印必究
本書如有缺頁、破損或裝訂錯誤，請寄回更換

國家圖書館出版品預行編目

日本時代臺灣運動員的奧運夢：陳啟川的初挑戰 /
 金湘斌著. -- 一版. -- 臺北市：秀威資訊科技,
 2020.09
　　面；公分. -- (史地傳記類；PC0883) (讀歷
史；111)
　BOD版
　ISBN 978-986-326-837-6(平裝)

 1.陳啟川　2.運動員　3.日據時期　4.臺灣

528.9   109011018

讀 者 回 函 卡

感謝您購買本書，為提升服務品質，請填妥以下資料，將讀者回函卡直接寄
回或傳真本公司，收到您的寶貴意見後，我們會收藏記錄及檢討，謝謝！
如您需要了解本公司最新出版書目、購書優惠或企劃活動，歡迎您上網查詢
或下載相關資料：http:// www.showwe.com.tw

您購買的書名：_____

出生日期：_____年_____月_____日

學歷：□高中 (含) 以下　　□大專　　　□研究所 (含) 以上

職業：□製造業　□金融業　□資訊業　□軍警　□傳播業　□自由業
　　　□服務業　□公務員　□教職　　□學生　□家管　　□其它_____

購書地點：□網路書店　□實體書店　□書展　□郵購　□贈閱　□其他

您從何得知本書的消息？

　□網路書店　□實體書店　□網路搜尋　□電子報　□書訊　□雜誌
　□傳播媒體　□親友推薦　□網站推薦　□部落格　□其他_____

您對本書的評價：(請填代號　1.非常滿意　2.滿意　3.尚可　4.再改進)

　封面設計____　版面編排____　內容____　文／譯筆____　價格____

讀完書後您覺得：

　□很有收穫　□有收穫　□收穫不多　□沒收穫

對我們的建議：_____

_____

_____

_____

11466
台北市內湖區瑞光路 76 巷 65 號 1 樓

秀威資訊科技股份有限公司　　　收

BOD 數位出版事業部

┈┈┈┈┈┈┈┈┈┈┈┈┈┈┈┈┈┈┈┈┈┈┈┈┈┈┈┈┈┈┈┈┈┈┈┈

（請沿線對折寄回，謝謝！）

姓　　名：＿＿＿＿＿＿＿＿＿　年齡：＿＿＿＿　性別：□女　□男

郵遞區號：□□□□□

地　　址：＿＿＿＿＿＿＿＿＿＿＿＿＿＿＿＿＿＿＿＿＿＿＿＿＿

聯絡電話：(日) ＿＿＿＿＿＿＿＿＿　(夜) ＿＿＿＿＿＿＿＿＿＿

E-mail：＿＿＿＿＿＿＿＿＿＿＿＿＿＿＿＿＿＿＿＿＿＿＿＿＿